ごはんがおいしくなる キッチンの法則135

部長
会議の資料整いました
ナオコ
アラサー独身
OL
おっ
ありがとう助かるよ
ここ置きますねー
じゃ失礼しま…
くるっ
ドンッ
ぎゃっ!!
すみませんっ大丈夫ですか!?
だっ大丈夫です～
ナオキ
会社の取引先の人
部長との打ち合わせですか?
イケメン…!
どうぞっ

遅れて すみません
いいよ いいよ
あ、それ もしかして 愛妻弁当 ですか?
まぁね
うらやましい です
料理上手な 女性って いいですよね
僕 一人なんで コンビニばっかで
見る?
独身 なんだ ラッキー
その夜
24
引き!
あ〜 おなか すいた〜
晩ごはん 何にしよ…
ハッ!!
料理上手な女性って いいですよね
ゾワ…
じ… 自炊して みるか…
サーーッ
たまには…

肉
男の人の好きな料理といえば…
ハンバーグ?
スーパーにきました
よしっ
まずは
♪~
レシピ検索~っと
まずみじん切りした玉ねぎを炒めて…
ほうほう
パン粉を牛乳に…牛乳ないから水でいっか
あれ…みじん切りってどうやるんだっけ?
ま、
細かく切ればいいよね!
炒めた玉ねぎまだ温かいけど入れちゃえ
こね
ほわん
こね
そして焼く…と
ジュ~
完成~

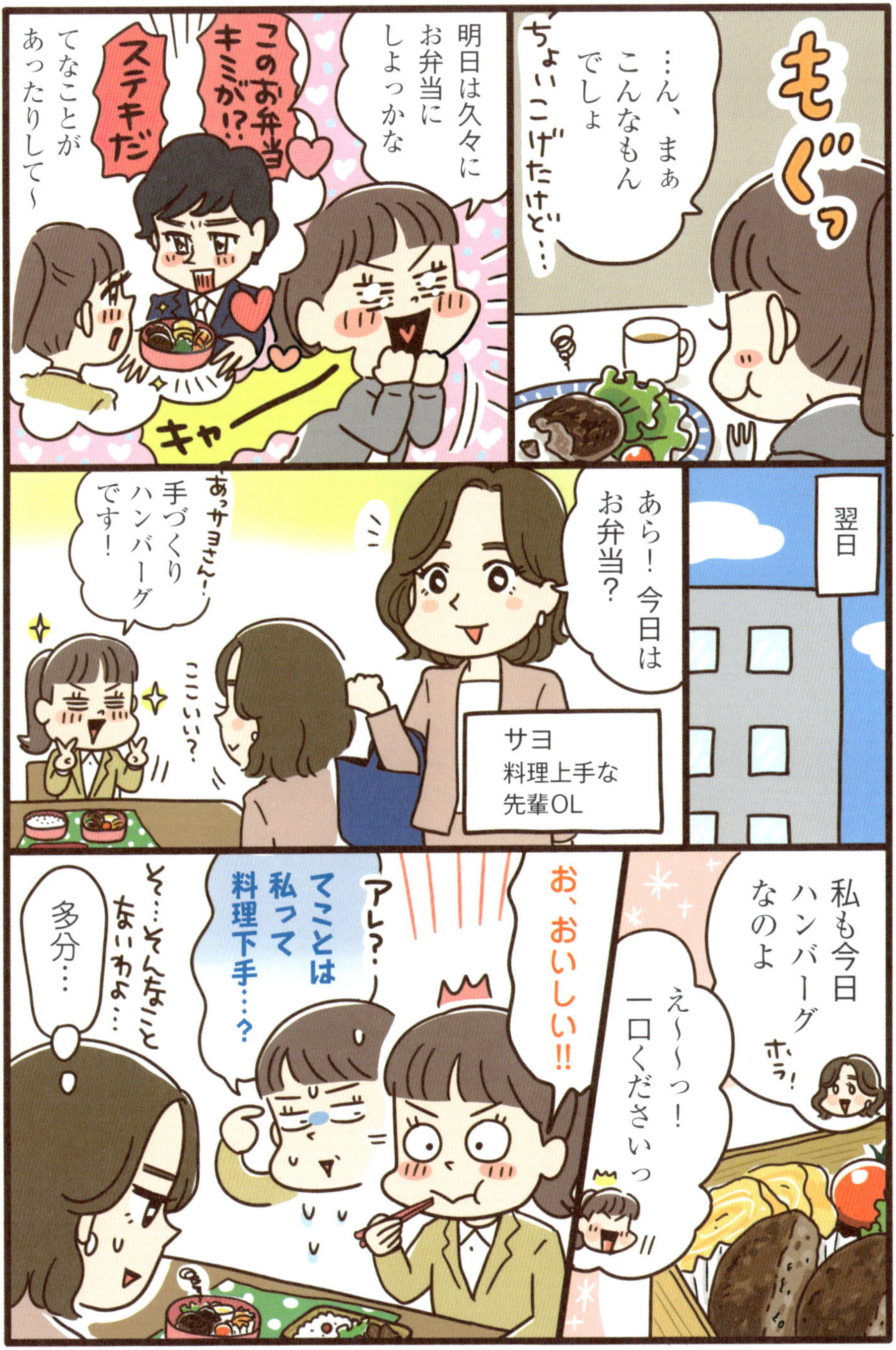
もぐっ
…ん、まぁ こんなもん でしょ
ちょいこげたけど…
明日は久々に お弁当に しよっかな
このお弁当 キミが!?
ステキだ
キャ
てなことが あったりして~
翌日
あら! 今日は お弁当?
サヨ
料理上手な
先輩OL
ここいい?
あっサヨさん! 手づくり ハンバーグ です!
私も今日 ハンバーグ なのよ
ホラ!
え~~っ! 一口くださいっ
お、おいしい!!
アレ?…
てことは 私って 料理下手…?
そ…そんなこと ないわよ…
多分…

もくじ

chapter 1

料理のきほん

chapter 2 下ごしらえ

chapter 3 段取り

chapter

4 盛りつけ

この本のきまりと注意

- 計量単位は、小さじ1＝5mℓ、大さじ1＝15mℓ、1カップ＝200mℓ、米1合＝180mℓです。
- 火加減は特に表記のない場合、中火です。
- 野菜類は特に指定のない場合、洗う・皮をむくなどの作業を済ませてからの手順を説明しています。
- だしは、お好みのものをご利用ください。
- つけ合わせに使用する野菜は、材料から省略している場合があります。
- 電子レンジの加熱時間は、600Wの場合の目安です。500Wなら加熱時間を1.2倍にしてください。トースターの加熱時間は、1000Wの場合の目安です。また、機種によって加熱には多少の差があるので、様子を見ながら加減してください。

キャラ紹介

ナオコ

アラサーの独身OL。料理は苦手だが、ひょんなことから料理教室に通うことに……。

サヨさん・コウくん

料理上手なナオコの先輩。コウくんを産んで、仕事に復帰。家事と仕事の両立に悩んでいる。

ヒロコ先生

サヨさんの友達で、自宅で料理教室を開いている。家庭料理のコツを教えてくれる。

ナオキさん

ナオコが憧れている、イケメン独身サラリーマン。食べるのが好きで、料理上手な女性がタイプ。

ユキオさん

サヨさんの夫。サヨさんが働き出してから、鍋料理が続いているのが不満。

chapter

1

料理のきほん

料理上手になるために

道具の選び方や調味料のはかり方、

切り方などの「きほん」をおさらい。

読むだけで、料理の腕が上がります！

あ〜 私もあんな ハンバーグ つくれたら な〜…
レシピ通り つくったのに〜
ナオキさん 私、 どうしたら…
ピロリン
サヨさん からだ
サヨさん
知り合いがやっている 料理教室が あるんだけど ナオコちゃん どうかしら？
えっ
料理教室!?
私、ついていける かな…
皆さん かつらむきを いたしましょう
ハイ 先生！
ハイ！
スルスル
スルル
(イメージ)
みじん切り すら テキトー なのに…
初心者向けのコースは 今なら無料体験 あるって
そ、それなら 行ってみよう かな…
おっ

後日
はじめまして
ヒロコ先生
料理の先生でサヨさんの友達
ドキドキ
さっそくですがみなさんはどんな料理がつくりたいですか？
じゃ、そこのアナタ！
ビッ
私!?
好きな人に「おいしいね」って言ってもらえる料理…です！
えーっと♡♡♡
キャー
うんうん、ステキ！
基本がわかればどんな料理もおいしくつくれますよ
あの先生…
基本…というのは…？
それはズバリ、レシピに書いてあることを理解して実行する知識とテクニックね

り…理解…？
いつもレシピ通りつくってますが…
私もー
それ、本当に「レシピ通り」かしら？
じゃ、ナオコさん砂糖大さじ1はかれるかしら？
また私っ
やだな～これぐらい私だって…
スッ
ザク
ま、いつもはカレースプーンではかるけどね…
できまし…
ブブ～ッ
サッ
えっ!?
が～ン
正解は①ふんわり入れて②表面を平らにするよ！
こうやって…
スススー…

ピキ…
はかるって
そんなに大事
なんですか～？
ちょっとくらい
違っても…
ねー
ばーん
はかることを
おろそかにすると
おいしく
なりません!!
わっ
料理が苦手な人は
計量がテキトーだから
砂糖大さじ1が…
この日は多い
甘すぎっ
この日は少ない
?
甘みが
たりない…
味がブレるのよ
レシピ通りに
きちんとはかる
これが
料理上手に
なるコツよ
時間も!
量も!
メモメモ…
ハ～イ…
今、
めんどくさい
って思った
でしょ？
ぎく

GOAL
レシピは「おいしい」への最短ルートなのよ!
材料あつめ
START
分量をはかったり素材を切る
素材をあわせたり下ごしらえをする
調理する
レシピを無視し、自己流で「おいしい」にたどり着くのは大変なの
…
レシピの大切さわかりました
キッチリやればうまくいく!
そう!!

では
レシピ通りにつくるため、
これをマスターしましょ！
❶ はかり方
❷ 切り方などのレシピ用語
ハーイ！
今日は
いろいろな
切り方を覚えてね
みじん切りは
こうすると
いいわよ
わっ
できた〜!!
ザク
ザク
よし！
レシピ
通りに
やって
みよっと
え〜と まず
しょう油
大さじ1…
ハッ
うちに
大さじ
なかった!!
カレースプーン…

料理上手になる近道は「レシピ通りにつくること」

「おいしい」と評判のレシピが上手につくれないのはなぜ？

本でもネットでも「おいしい」と評判のレシピがたくさんあります。しかし実際につくってみると、思った以上に時間がかかったり、「これ、おいしいの？」という味になることも……。

そうなってしまうのは、「レシピ通りにつくっていないから」かもしれません。つい自己流でアレンジしてしまったり、材料を目分量ではかっていることが「おいしくない」の原因かも。

レシピは「おいしい」への最短ルート。自己流でアレンジすると「おいしい」が遠くなりますが、レシピ通りにつくれば、確実においしいものがつくれます。

おいしさの基準を覚えて本物の料理上手に

「レシピ通りにつくる」とは、材料や調味料を正しくはかり、切り方や火加減・水加減もレシピに従うこと。今まで自己流で料理をしていた人が、レシピ通りにつくるのは大変かもしれません。欲張らずに、まずは献立の中の1品をレシピ通りにつくってみましょう。確かなおいしさを感じ、レシピ通りにする意味に気づくでしょう。

「もう少し甘くしたい」など、自分や家族の好みの味がはっきりしてきたら、レシピを基準に、調味料を自分好みに調整しましょう。そうすることで、わが家の味ができていきます。

レシピを自己流にアレンジすると……

野菜炒めの場合、材料をはからずにつくったら「量が多すぎて味が薄い」。切り方を間違えたら「味が染みすぎた」。加熱時間をはからないと「生焼けになった」などの失敗が起こる。ほんの少しのアレンジでも、仕上がりに大きな差が出てしまうので、まずはレシピ通りにつくることを心がけて。

レシピ通りなら
はじめての料理もおいしく！

今までつくったことのない料理でも、レシピに沿ってつくれば、おいしくできる。レシピをもとに、新しい料理に挑戦して、レパートリーを増やして。

料理上手は知っている、キッチンの法則

レシピを正しく読むには ルールを知る必要がある

調味料の量や煮込み時間をレシピ通りにしても、うまくできないことがあります。その場合、「レシピの読み方」が間違っているのかもしれません。

例えば「しょうゆ大さじ1」をはかる時、大さじのふちより少し手前の量ではかっているかもしれません。ですが、正しい大さじ1は「液体がこぼれる寸前まで注いだ量」なのです。

調味料のはかり方には共通のルールがあり、レシピはそれに従ってつくられています。ですから、「知っているつもりで実は間違っていた」ことが、料理の味や仕上がりを左右してしまうのです。

基本をおさらいすれば 料理の腕がぐんと上がる

料理上手な人は、こうした基本のルールを守っているので、いつも安定しておいしい料理がつくれるのです。

こういった「基本」は、調味料のはかり方だけではありません。調理道具の選び方や水加減・火加減、食材の切り方など、さまざまなものがあります。

また、おいしい状態で食べるための段取りの立て方やキッチンの使い方など、料理にはいろいろなコツがあります。本書では、そういった「おいしい！」を生むポイントを「キッチンの法則」としてまとめました。知っているつもりでも、改めておさらいし、腕を磨きましょう。

道具のサイズでおいしさが変わる

レシピには「26cm のフライパンでつくる」など、道具のサイズが書いてある。しかし、これに従わず、違うサイズのフライパンを使うと、熱の伝わり方や水分の飛び方が違うので、ベストな味にならない。手順通りにつくってもいまいちおいしくない時は、使っている道具が合っているか見直しを。

キッチンの法則は時短にも役立つ！

調理の基本が頭に入っていれば、いちいち調べたりせずに調理ができ、スピーディーに。また、洗い物を減らす手順が考えられるなど、段取り上手にもなります。

レシピをしっかり理解すれば、ラクに「おいしい」がつくれる

丁寧なレシピを使えば失敗も減る

ネットを検索すれば、さまざまなレシピが手に入ります。ですが、ネットレシピは丁寧に書かれているものもあれば、分量がおおざっぱだったり、手順がわかりにくいものもあります。

料理上手になりたい人は、材料や調味料の分量はもちろん、使うフライパンや鍋のサイズ、加熱する時間などが詳しく書いてあるレシピを選びましょう。

例えば「じゃがいもをひと口大に切る」よりも、「じゃがいもの皮をむき、ひと口大に切って水にさらす」と書かれているものがおすすめです。

調理を始めるのは、レシピを最後まで読んでから

つくりたいレシピが見つかったら、まずは最後の工程までひと通り読みましょう。それから調理を始めます。

手順が書いてあるのだから、読みながら進めても大丈夫な気もしますが、途中で「冷蔵庫で2時間ねかす」などと書かれていたら、食べられるのは2時間以上先になってしまいます。また、わからない手順やレシピ用語が出てきたら、調理がストップして、失敗することも……。

料理は分単位で進んでいくもの。「おいしい」を逃さないためにも、調理の流れを頭に入れ、疑問をなくしてから始めましょう。

check
・何人分？
・足りない材料はない？
・調味料は先に混ぜておく？

check
・時間のかかる工程はある？
・足りない道具はない？
・切り方や下ごしらえ方法がわかる？

Recipe

鶏のから揚げ

ポリ袋で簡単にできる、ワザありのジューシーから揚げ。

材料（2人分）
鶏もも肉…1枚（300g）
卵…1/2個
A 酒…大さじ1
しょうゆ…大さじ1と1/2
しょうが汁…小さじ2
おろしにんにく…小さじ1/4
塩・こしょう…少々
小麦粉・かたくり粉…各大さじ3
揚げ油…適量

二度揚げしてるから
カリッ&ジューシー！

作り方
1 鶏もも肉は冷蔵庫から出して常温に戻す（冬は調理の30分ほど前、夏は15分ほど前に出しておく）。その後、8～10等分に切る。
point 鶏肉は横半分に切ってから、縦に切りましょう
2 ボウルに①と調味料Aを入れてもみ込み、30分ほどおいてなじませる。卵を加えて、さらにもみ込む。
3 小麦粉とかたくり粉を入れたポリ袋の中に、水けを取った②を入れる。袋に少し空気を入れて口をしっかり握り、シャカシャカとふって、全体に粉をまぶす。
point 袋が破れないように、そっとふりましょう
4 180℃に熱した油に③を入れて1分30秒揚げたら、一度取り出して4分ほどおく。再び180℃の油に入れ、さらに1分ほど揚げる。
point 余熱で火が通り、ジューシーに仕上がる

94

レシピの読み方、知っていますか？

まずは「材料」をチェック！ つくる量や足りない食材はないかを確認する。次に「作り方」を読んで、使う道具を確認。調理中にレシピを読むと、加熱しすぎてしまうこともあるので、下ごしらえの内容や手順は覚えてしまうのがベター。手順やポイントはメモなどに書き出すと、覚えやすくなる。

まずお湯を沸かして〜…

手順を想像しながらレシピを読む

頭の中で調理をしながらレシピを読むと、「野菜をゆでるためのお湯を先に沸かそう」など、レシピには書かれていない手順が浮かびやすくなり、効率よく調理できる。

料理教室
かぼちゃの煮物をつくりましょう！
今日覚えるのはこれよ
煮物のポイント
●水加減
●火加減
「ひたひた」の水加減はどのくらいかわかりますか？
hita hita
具がつかるくらい…？
具が水から出ない
それは「かぶるくらい」の水加減ね
具材が水から少し出るくらいの水加減を
ひたひた
といいます
かぼちゃやじゃがいもなど煮くずれしやすい食材を煮る時に使います

火加減は
炎が鍋底に
どのくらい当たっているか
で判断するの
強火
炎が勢いよく出て、鍋底についている状態
中火
炎が鍋底につくか、つかないかくらいの状態
弱火
炎が鍋底から完全に離れている状態
煮え方も
目安にしてね
ぐつ
ぐつ
全体に泡立っているのが強火
それでは、水加減と火加減に注意して
おいしい煮物をつくりましょう!
はーい
そして…
できました〜
おいしい〜
煮物ができたら料理上手って感じよね…
ふふふ

翌日
…と いうわけ で
忘れないうちに 復習するぞ〜！
得意料理は 煮物と言える 女になる!!
えっと、かぼちゃを ひと口大に切って…
鍋に入れて 「ひたひた」の 水を注ぐ…と
トン
そうだ！ ミルクパンを 使ったら かわいいかも!!
火加減に 注意して…
カシャー
いいね〜
映える〜
ぐつ
ぐつ
そして…
できた！ いい感じ〜

いただきまーす!
ゴリッ
ん?
!?
かたっ!!
味も染みてないし…
なんで〜!?
そして料理教室
先生〜!!
わ〜ん
煮物がうまくできなくて…
レシピ通りに作ったんですけど〜〜
フムフム
ひょっとして…
煮る時に小さな鍋を使わなかった?
このぐらいですが…
?
ミルクパン…
やっぱりね

一般的なレシピに使われている鍋の大きさはこれよ
←20～22cm→
←16～18cm→
12cm…
小さすぎたのね…
ガーン
今回の場合は切ったかぼちゃがひと並びする大きさの鍋を選びましょう
重ならず ぴったり入る
こうすれば煮くずれしないし、味も均等に染み込むわ
大きさの合わない鍋を使うと…
大きすぎ
カボチャがぐらぐらして煮くずれしやすくなる
小さすぎ
カボチャが重なり、味が均等にしみ込まない
なるほど～

料理は食材
だけじゃなく
いろいろな道具も
必要でしょ
料理が
うまくできない人は
調理道具が
合ってるか
見直して
みると
いいかも
ハイ!!
道具選びは
恋人を選ぶ
みたいに
慎重にね
恋人…
ハッ
私、道具も恋人も
見た目で選んで
ました…
オシャレ
イケメン
慎重に、か…
ま、とりあえず
道具だけ
見直します
ナオキさんはスキ♡
ケロリ
そうね…

道具の選び方

毎日使うものだから、小さな不便を見逃さない！　調理道具は「使いやすい」「手入れがラク」をテーマに選びましょう。

01 包丁

包丁は適度な重みがあるものを選ぶ 手に持って使いやすさを確認

選び方

一般家庭で使いやすいのは、肉・魚・野菜・パンと何にでも向く万能タイプの「三徳包丁」。刃の部分の長さが18～20cmくらいで、サビにくいステンレス製がおすすめ。

調理するように手に持って、使いやすいかを確認する

お手入れ

水けが残ったままだと、ステンレスでも切れ味が悪くなるので、ふきんで水けを拭いてからしまう。包丁の切れ味は料理の味を左右するので、週に一度は研ぐようにする。

スティック状の研ぎ石だと、研ぎやすくておすすめ。研ぎ石がない場合は、茶碗の高台《こうだい》（底につけられた台の部分）で代用することもできる。

直火であぶるのはダメ！

コンロの火で包丁をあぶると刃が傷み、切れ味が悪くなります。温める場合は、お湯を使いましょう。

02 まな板

まな板で手入れがラクなのは樹脂製 大きめで厚みがあるのが安定してよい

選び方

木製のものは刃の当たりがやわらかだが、屋外で日陰干しなどの手入れが必要。樹脂製は漂白剤なども使えるので、手入れが簡単。大きい方が使いやすく、厚みがあると安定する。

大きさは、調理や洗う時のことを考えて選ぶ。調理台に全体がのり、キッチンの流しにすっぽり入るものが◎。

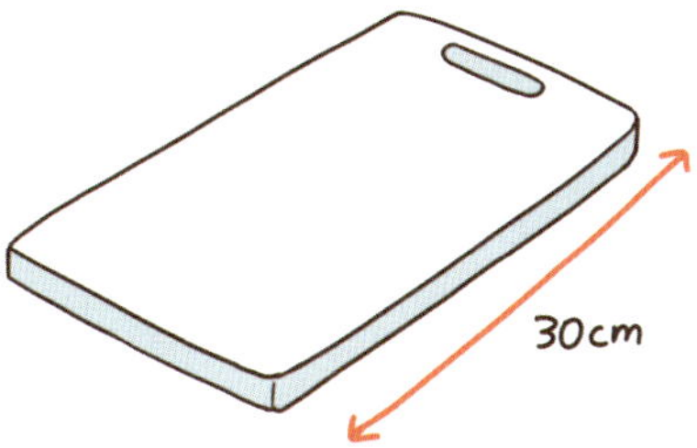

厚みは1.5cm 程度
幅は 30cm くらいあると使いやすい

肉や魚を切った後は、すぐに洗剤で洗ってから次の作業に

お手入れ

使用後は洗剤をつけてスポンジで洗い、水けをよく切る。汚れているように見えなくても、包丁でついた傷などから雑菌が入り込むので、週に１回は漂白剤を使って漂白する。

まな板シートを活用！

まな板シートは、複数持つのがおすすめ。食材ごとにシートを取り替えれば、調理中に洗う手間が省ける。切ったものをシートごと持ち上げられて便利。

03 フライパン

フライパンは大小２つのサイズを使い分け、中が見えるふたも用意する

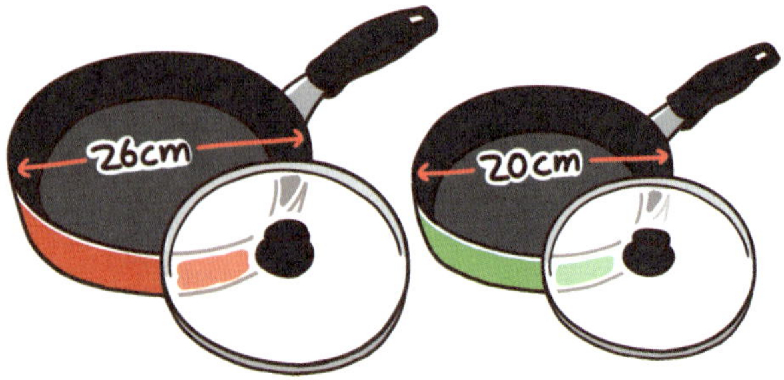
炒め物、焼き物、煮物など
メインとして使う
26cm
20cm
煮物や卵焼きなどに使う

選び方

フッ素樹脂加工など、表面が焦げつきにくいものがビギナー向け。大小２つのフライパンを、用途に合わせて使い分けると便利。蒸し焼き用にサイズの合ったふたも用意する。

傷がつくので、
クレンザーやたわし、
金属製のたわしは厳禁

お手入れ

表面加工がはがれないように、スポンジのやわらかい面に洗剤をつけ、軽くこするように洗う。焦げついたら水を入れ、ひと煮立ちさせる。その後、冷ましてから洗うと、するりと落ちる。

長持ちさせるため、空炊きはしないように。また、表面を傷つけない木製などのフライ返しを使うとよい。

point

フッ素樹脂加工のフライパンは消耗品

フッ素樹脂加工のフライパンは、加工がはがれたら取り替える消耗品。何十年と使うことはできないので、手軽な価格のものを購入する方が経済的。

04 鍋 両手鍋は20～22cmで厚手のもの、片手鍋は16～18cmで熱伝導率のよいものを

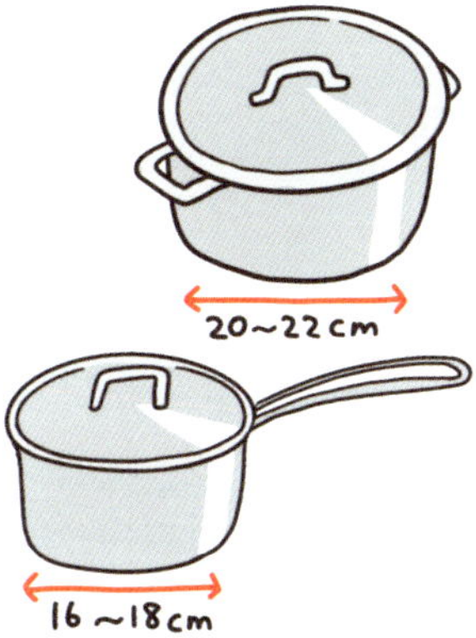

湯気で水分が逃げないよう、ふたはピッタリ閉まるもので少し重めのものがおすすめ

選び方

両手鍋は、長時間煮る料理に使うので、厚手のステンレス製やホーローがおすすめ。下ゆでや汁ものに使う片手鍋は、素材は何でもよいが、アルミ製だと湯が早く沸いて便利。

お手入れ

汚れたまま放置すると、サビの原因に。使ったらすぐに洗剤をつけたスポンジで洗い、水けを拭きとってからしまう。

するっと落ちる、焦げの取り方

ステンレス・ホーロー

水１ℓにつき大さじ１の重曹を入れ、沸騰させる。冷まして１時間ほどおき、スポンジでこする。

アルミ

焦げた鍋に水を張り、大さじ１程度の酢を入れ、沸騰させる。火を止めて一晩おき、スポンジでこする。

05 ボウル

ボウルは材料の量に合わせて大・小を使い分け

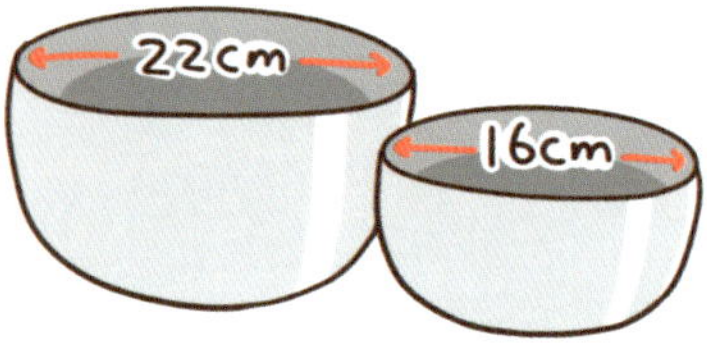

合わせ調味料用に
直径10cmくらいの
ボウルもあると便利よ！

選び方

大・小のサイズがあると、食材の量に合わせて使い分けできる。素材は、ステンレス製がおすすめ。レンジに使える耐熱タイプがあると、さらにいい。

お手入れ

スポンジに洗剤をつけて洗う。漂白剤を使う場合、ステンレスには塩素系は使えないので、酸素系漂白剤を使う。

06 ざる

ざるは20cmと15cmを用意底に脚があるものを選ぶと使いやすい

選び方

大・小２つを用意。ざるの目は、網状だと水切れがよく、パンチングだと目詰まりしにくいのでお手入れがラク。これは好みで選んでOK。

お手入れ

たわしで、内側だけでなく外側やふちの部分もしっかり洗う。洗い終わりに熱湯をかけ、消毒すると◎。

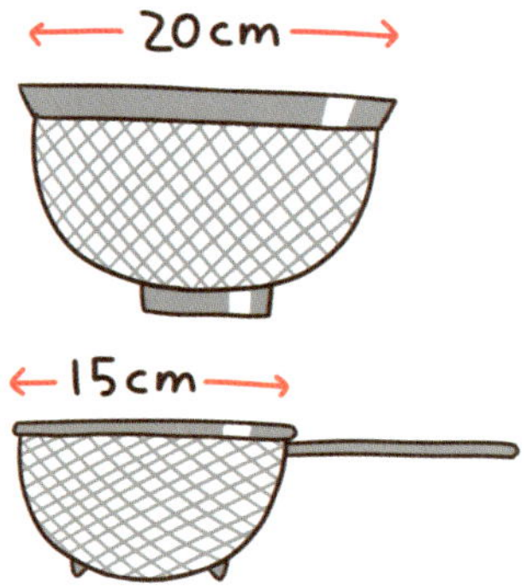

柄のついたざるは、片手鍋と合わせて使うことが多い。鍋より少し小さく、重ねて使えるサイズを選ぶと便利。

07 計量グッズ 計量グッズは表示が見やすく、扱いやすいものが◎

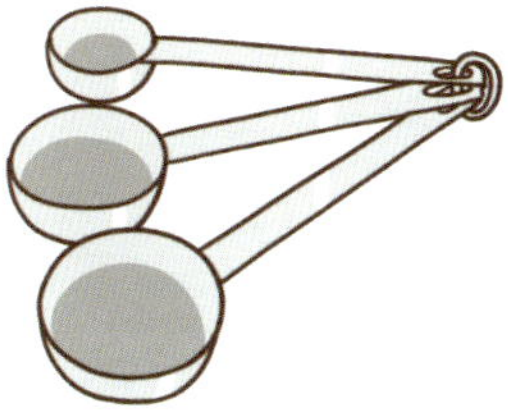

計量スプーン

大さじ（15mℓ）、小さじ（5mℓ）が必要。さらに小さじ 1/2（2.5mℓ）があると、少量の調味料をはかるのに便利。

かたまった砂糖や塩をくずせるくらいの、丈夫なものがおすすめ。

計量カップ

取っ手が持ちやすく、目盛りが見やすい樹脂やガラス製がおすすめ。加熱できる電子レンジ対応のものが◎。

50mℓ以上は10mℓ単位ではかれるものを選ぶ。

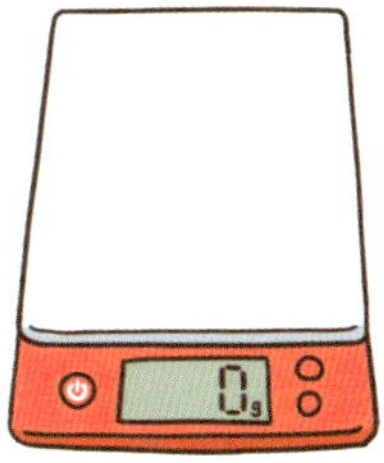

はかり

容器などをのせてボタンを押すと表示が0になり、材料だけの重さが表示される機能付きがおすすめ。

耐熱ガラスのボウルはそれだけで 1kg 前後あるので、2kg まではかれるものが◎。

キッチンタイマー

デジタル表示が大きく、操作が簡単なものが◎。マグネットがついていると、冷蔵庫の側面などにつけられて便利。

携帯のタイマーを利用してもいい。

08
そのほか

あると便利なキッチングッズを活用し、料理ストレスを減らそう

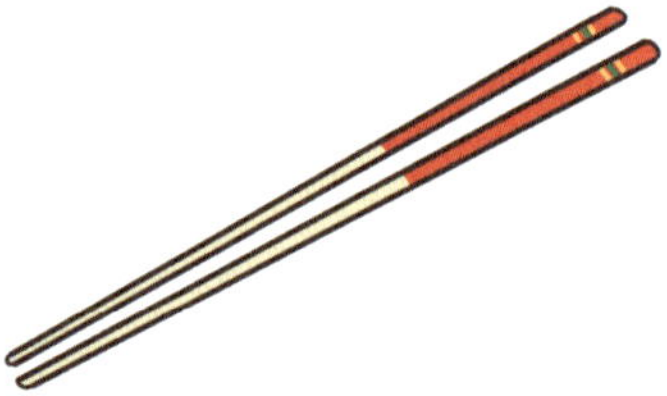

菜箸

調理や盛りつけがしやすいよう、軽くて持ちやすいものを選ぶ。

糸でつながっているものは、切った方が使いやすい。

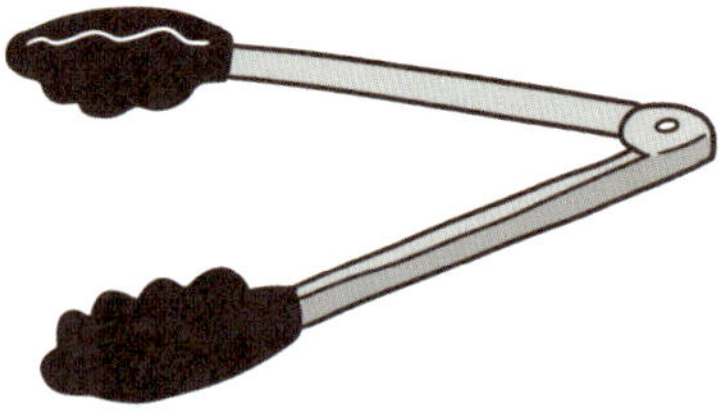

トング

菜箸やフライ返しの代わりに使えて便利。パスタなどの盛りつけにも活躍。

先端が熱に強いシリコン製だと、フライパンや鍋を傷つけずに調理できる。

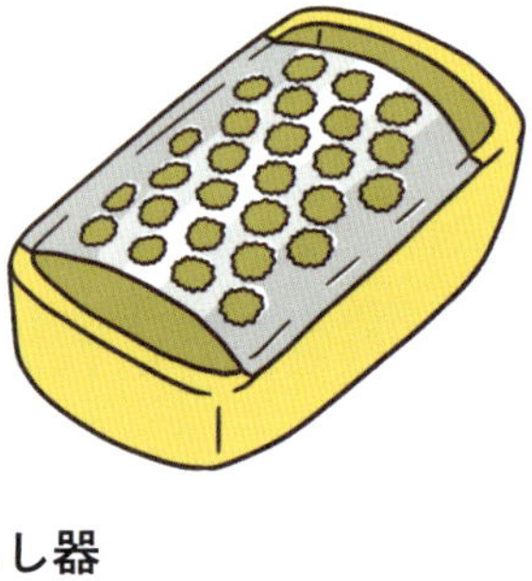

おろし器

大きな受け皿がついたタイプだと使いやすい。本体底に滑り止めのゴムがあると、安定する。

「おろしにくくなった」と感じたら、刃が劣化しているので取り替える。

木べら

いろいろな形があるが、へらの部分が平たいものがビギナーにおすすめ。

カビることもあるので、よく洗って乾かし、清潔に。

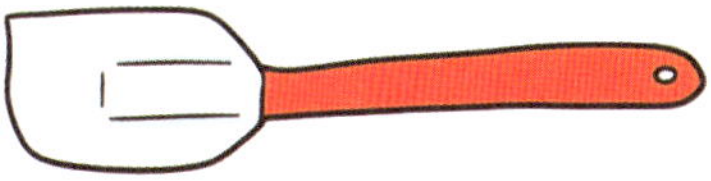

ゴムべら

木製より弾力性がある。耐熱温度が200℃以上だと、炒め物にも使える。

小さいゴムべらがあると、スクレーパーとしても使えて便利。

キッチンばさみ

ハンドルに指を入れ、手に合っているものを選ぶ。刃にマイクロエッジ(波刃)加工が施してあるものが切りやすい。

使ったら必ず洗い、水けを拭き取る。

ステンレス製が洗いやすくて衛生的

ピーラー

刃が平らについたタイプで、柄が握りやすいものがおすすめ。

おたま

持ちやすく、よく使う鍋の大きさに合ったものを選ぶ。

フライ返し

フッ素樹脂加工のフライパンを使う場合は、表面を傷つけないシリコン製のものを選ぶ。

ふきんは、調理用・食器用・掃除用を用意する

ふきんは、用途別に複数枚用意すると便利。調理用は、ぬらしてからかたくしぼった「ぬれぶきん」にして使う。

計量の仕方

レシピの分量は、共通のルールではかったものが書かれています。
正しい計量が、おいしい料理への近道です。

09 ルール通りに正しくはかると、味がブレない

計量スプーンではかる

粉類 ふんわり盛って、すり切る

山盛りに入れた後、別のスプーンの柄などですり切る。

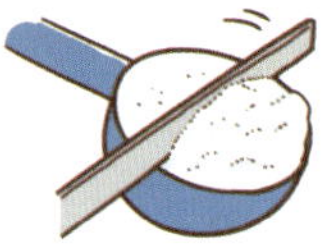

1/2 の場合
1杯をすり切った後に縦半分に線を入れて、不要な分を取り除く。

液体 こぼれる寸前まで入れる

表面張力で液体が盛り上がるまで入れる。

1/2 の場合
スプーンの深さの7分目まで注ぐ。わかりやすいように目安のラインがついているものもある。

ペースト しっかり詰めて、すり切る

みそなどのペースト状のものは、しっかり詰めてからすり切る。

1/2 の場合
粉類と同じように線を入れて、不要な分を取り除く。

ペースト状のものは、小さなゴムべらを使うと取り出しやすい。

計量カップではかる

カップを水平なところに置いて、材料を入れ、真横から目盛りを見てはかる。粉類は軽くゆすって、表面を平らにしてからはかる。

粉類をはかる時は、ギュッと詰め込まない。また、カップの底をトントンと叩くのもNG。

手ではかる

少々とひとつまみの違いを覚えよう。

少々 小さじ約1/8は指2本

親指と人差し指ではさんだ量

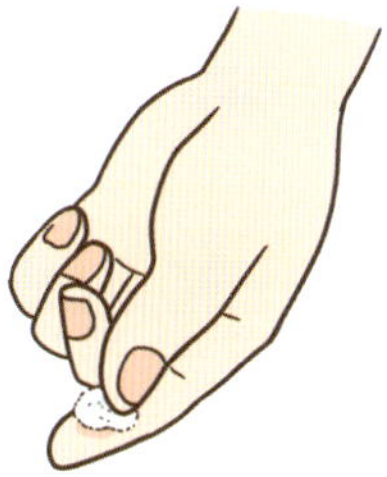

ひとつまみ 小さじ約1/5は指3本

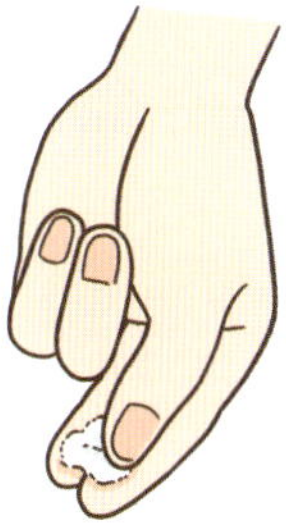

親指、人差し指、中指の3本でつまんだ量

材料を切る時の長さをはかる

自分の手の部位の長さを知っておくと、材料を切る時の目安になる。

人によって大きさが違うので、自分のサイズを記録しておこう

小指の爪
1cm
(角切りなどの目安に)

親指の長さ
4～5cm
(細切りなどの目安に)

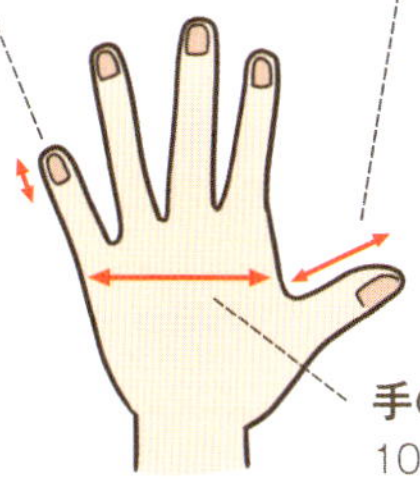

手の幅
10cm

レシピによくある分量

レシピ独特の分量表現には、間違えやすいものも。正しく覚えて、スムーズに調理しましょう。

10 1かけ、ひとたらし、適量ってどのくらい？ 正しく覚えると、おいしさが安定する

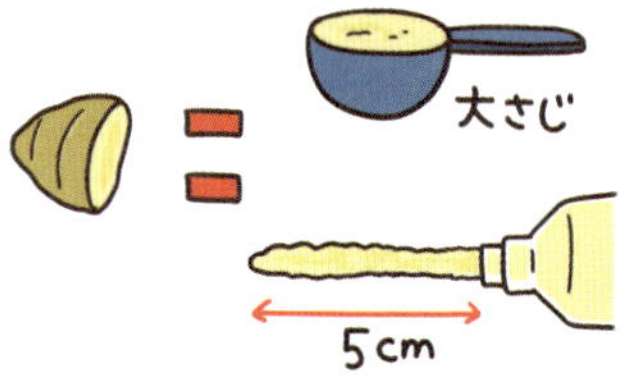

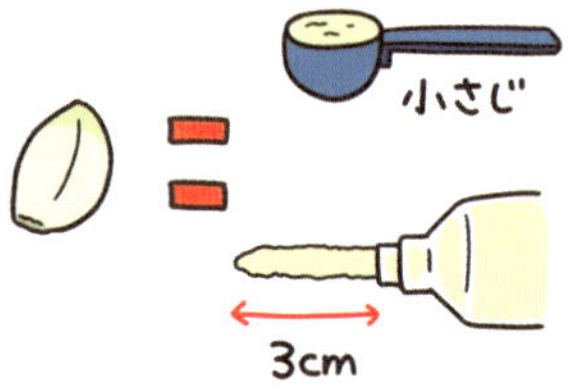

しょうが１かけ

親指の第一関節くらいまでの大きさが目安。

約10g。すりおろしチューブなら大さじ１弱、長さは5cm程度。

にんにく１かけ

小房に分けた時の１つ分のこと。

約6g。すりおろしチューブなら小さじ１、長さは3cm程度。

ひとたらし

目玉焼きにしょうゆを回しかける時の量のイメージ。小さじ1/2 >ひとたらし>数滴の順で量が減る。

分量外

レシピの材料で計量されているもの以外で、適量を使うもの。

正《しょう》味《み》

野菜や肉・魚などの皮や骨・タネなどを除いた、可食部分の分量のこと。

適量

適度な量を加減して入れること。調味料やスパイスは、味見をしながら分量を決める。揚げ油は鍋やフライパンの大きさに合わせて分量を決める。

適宜

必要であれば入れるもの。味見をして十分だと感じたら、加えなくてもよい。

食材の目安量

同じ「じゃがいも１個」でも、大きさや重さはさまざま。「この大きさでいいの？」と迷ったら、これを目安に！

11 レシピに載っている食材の目安量を知ると、材料をそろえるのがスムーズに

じゃがいも１個	150g
玉ねぎ１個	200g
大根１本（葉は除く）	800g
にんじん１本	150g
ほうれん草１束	200g
れんこん１節	180g
えのきだけ１袋	100g

12 計量スプーンやカップではかりにくいものはこれを目安に！

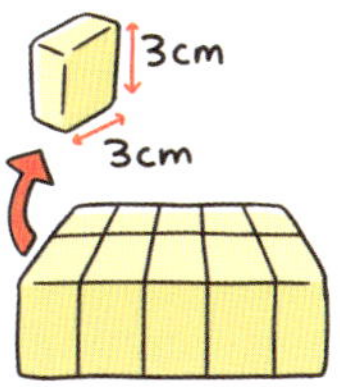

バター10g

3×3×1cmが大きさの目安。1箱100gのバターなら縦半分、横を５等分に切っておくと便利。

パスタ100g

２ℓのペットボトルの飲み口におさまる量が約100g。ちょうどパスタ１人分の量になる。

包丁の使い方

４つの基本を守るだけで、これまでより断然切りやすくなり、味も仕上がりもよくなります。

まな板の左端に立つ
足は肩幅に開く
まな板と体の間は
こぶし１個分開ける

13 包丁を持つ側の足を少し後ろに引いて立つ

利き手が右であれば、まな板の左端に体を合わせて立つ。次に、まな板との間にこぶし１個分のスペースを開け、右足を半歩後ろに引く。こうすると、腕全体が動かしやすくなる。

手元が見やすいよう、姿勢はやや前傾にしましょう。

14 ５本の指すべてを使って、しっかり握る

いろいろな握り方があるが、５本の指でしっかり握ることが大切。人差し指を刃の背の部分にのせる持ち方は、そぎ切りや、刃先を使って刺身を切る時などに向いている。

基本 すべての指で柄をしっかり握る

応用 人差し指を刃の背にのせると、力加減が調節できる

15 ねこの手で材料を押さえる

材料を押さえる手は、ピンポン玉をゆるく握った「ねこの手」にする。指の関節を包丁の腹に当て、これをずらすことで切る幅を調整する。

OK ピンポン玉１個を軽く握るようなイメージで丸める

NG 親指が出ていると、ケガすることも。必ず人差し指の内側に入れるように

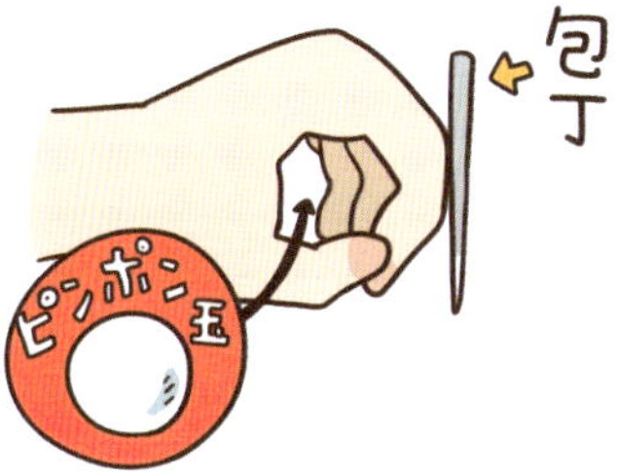

16 包丁を大きく動かし「押して引く」のが基本

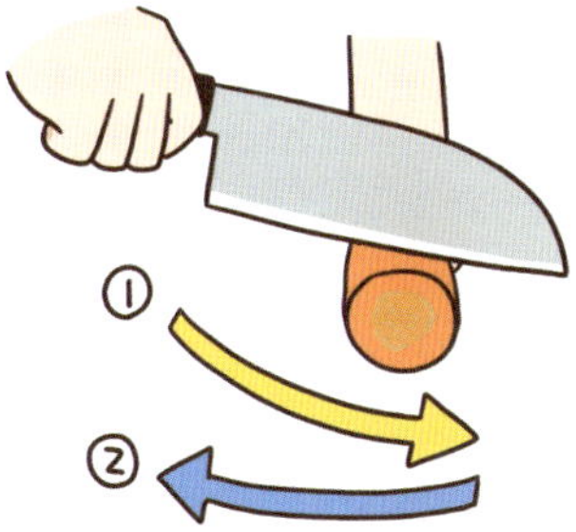

包丁は手先だけで動かさず、肩から大きく動かす

包丁はまな板に対して直角に構え、押してから引くようにして食材を切る。包丁の先から根元までを大きく動かすのが、きれいに切るコツ。

パンは刃をぬらしながら切る

パンはナイフをお湯で温め、水けをしっかり拭いてから切ると、きれいに切れる。刃が波状になった専用のナイフがあればベスト。

レシピに出てくる「きほんの切り方」

料理をおいしくするために、いろいろな切り方があります。知っているつもりでも、もう一度おさらいしましょう。

17 レシピの切り方には意味がある 切り方ひとつで、味が変わる！

レシピには、食材や調理法に合わせた切り方が書かれている。指示通りに切れば、火の通り具合や口当たりがベストな状態になり、初心者でもおいしくできる。

輪切り

にんじんや大根などの筒状の野菜、トマトや玉ねぎなどの球形の野菜など、切り口が円形になるものを、端から一定の幅で切る。

半月切り

輪切りを半分にした形。食材を縦半分に切った後、端から一定の幅で切る。

いちょう切り

半月切りを半分に切った形。食材を縦に４分割した後、端から一定の幅で切る。

小口切り

長ねぎなど、細長い筒状のものを端から一定の幅で切る。

薄切り

食材の端から1～2mmくらいの幅で薄く切る。

短冊切り

短冊のような薄い長方形に切ること。食材を長さ4～5cmに切り、幅1cmの板状に切る。その後、端から縦に幅2mmくらいに切る。

野菜は切り方で食感が変わる

玉ねぎ・しょうが・ねぎ・セロリなど、繊維がはっきりしている野菜は、切る向きで歯ざわりなどが変わります。

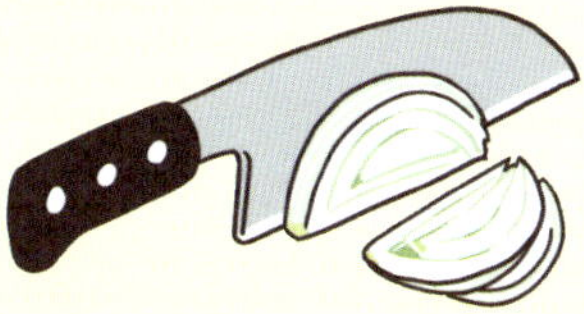

繊維に沿って切る

食感をよくしたい時は、野菜の繊維が走っている方向に対し、平行に切る。

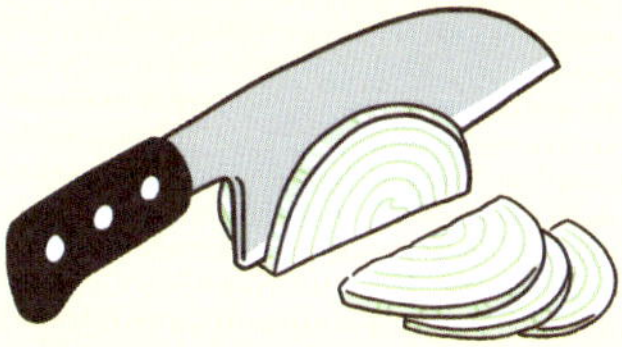

繊維を断つように切る

やわらかい口当たりに仕上げたい時は、繊維の走っている方向に対し、垂直に切る。

細切り

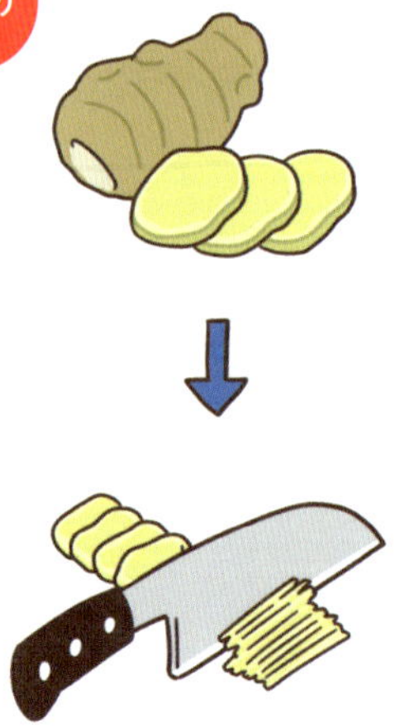

5cm前後の長さに、細長く切ること。幅は、せん切りよりも太く、拍子木切りよりも細くする。厚さ3mm程度の板状に切ったものをずらして重ね、端から幅3mmくらいに切っていく。

拍子木切り

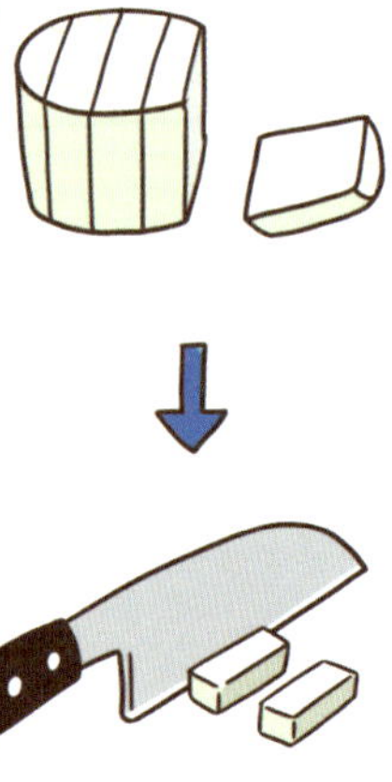

四角形の棒状に切ること。長さ5cm前後、厚さ1cm程度に切ったものを縦にして、端から幅1cmに切る。

せん切り

細切りよりもさらに細く切る。きゅうりやにんじんなどは、薄切りにしたものをずらして重ね、端から細く切る。

角切り

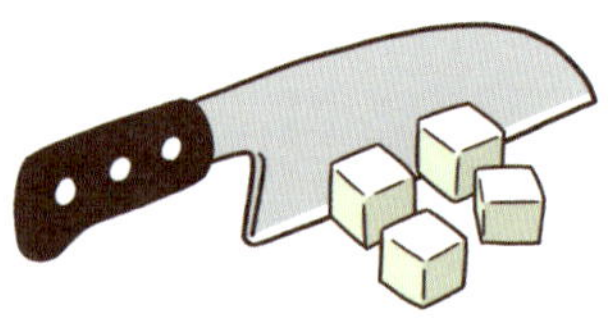

拍子木切りにしたものを端から切り、1〜2cm角のサイコロ状にする。

みじん切り　玉ねぎの場合

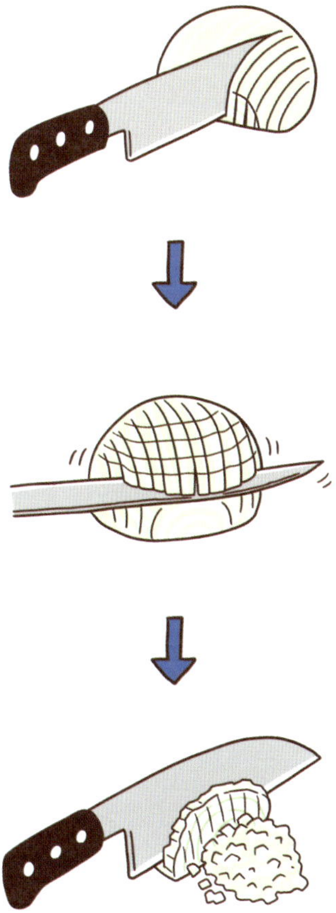

縦半分に切り、切り口を下にする。根元を切り離さないよう、縦に細かく切れ目を入れる。根元が左になるように置き、包丁を横にして、水平に切れ目を入れる。その後、端から細かく切る。

みじん切り　長ねぎの場合

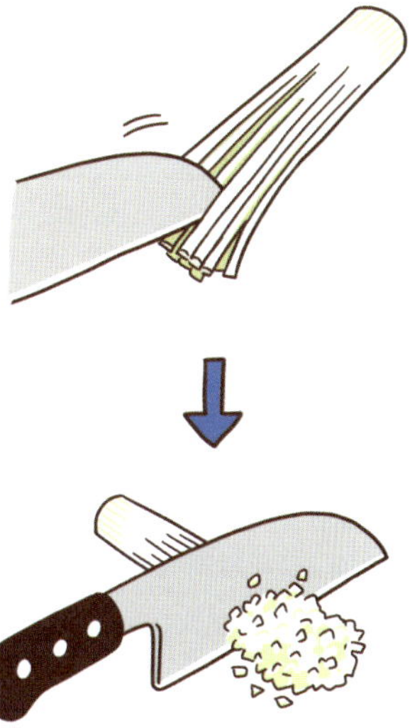

長ねぎを回しながら縦に6～7本ほど切れ目を入れ、端から細かく切る。切れ目の本数を増やすと、より細かいみじん切りになる。

みじん切り　しょうがの場合

せん切りにしたものを、端から細かく切る。

乱切り

細長い食材を、不規則な形に切ること。左手で材料を回しながら、同じくらいの大きさになるように切る。

くし切り

トマトや玉ねぎなど、球形の食材を半分に切る。その後、切り口の中心に向かって包丁を入れ、放射線状に切る。

そぎ切り

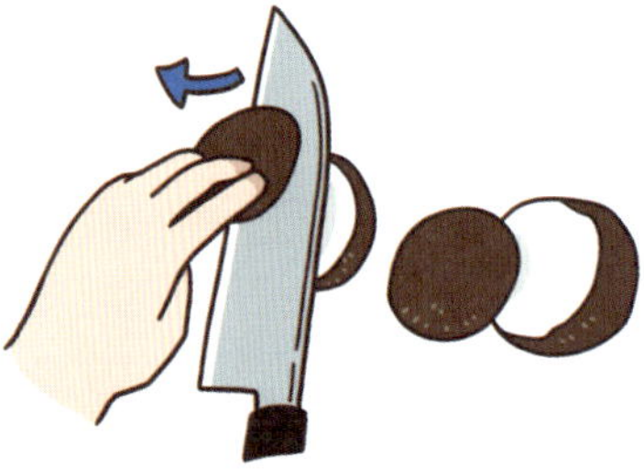

しいたけや白菜の芯など、厚みのあるものを切る方法。食材に対し、包丁をななめに入れて、そぐように切る。

ささがき

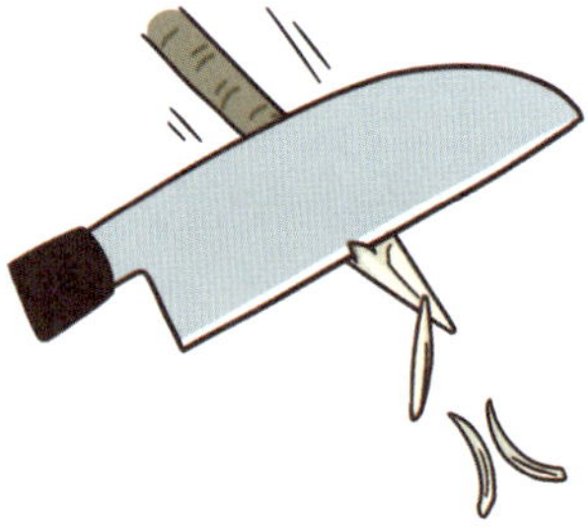

主にごぼうの下ごしらえに使う。えんぴつを削るように、ごぼうを回しながら、端からななめに薄くそぐ。ピーラーを使ってもいい。

ざく切り

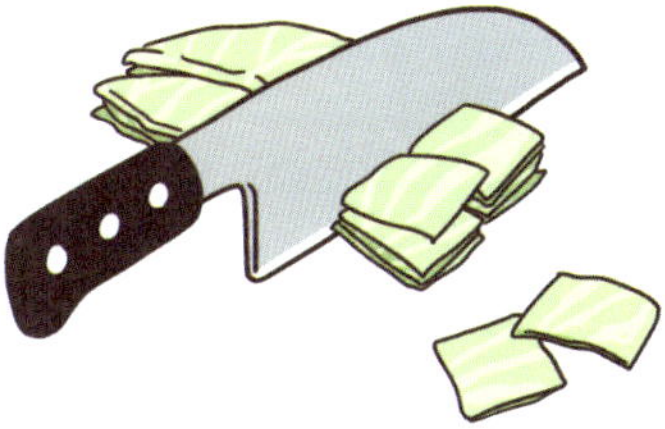

食材を端からざくざく切ること。ほうれん草や小松菜は、端から３～５cm の長さに切る。キャベツや白菜は葉を重ね、４～５cm 角になるように縦横に切る。

ひと口大

肉や野菜を、ひと口で食べられるくらいの大きさに切ること。大きさの目安は３cm 角。

面取り

野菜の切り口の角を浅くそいで、丸くすること。料理の見映えがよくなり、煮くずれを防止する。大根、かぼちゃ、にんじん、里いもなどを煮る時に行うことが多い。

たたく

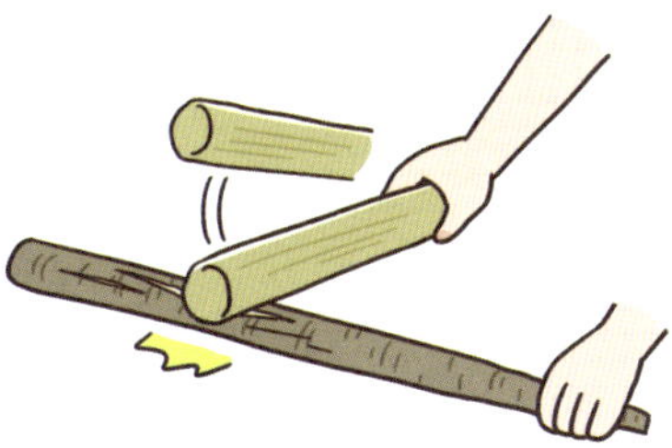

長いも、きゅうり、ごぼうなどの下ごしらえに使う。食材をめん棒などでたたき、割れ目を入れたり、つぶして味を染み込みやすくする。

水加減・火加減

水の量や火の強さも、料理の味を左右します。「なんとなく」で調整せず、きちんと覚えるとおいしい仕上がりに。

18 水加減

水加減は３段階
材料の頭が見え隠れするのが「ひたひた」

煮物の味の決め手となるのが水加減。煮魚をつくる時、たっぷりの水で煮てしまうと、身がくずれるばかりか、煮汁にうまみが逃げて味もぼやけてしまう。正しい水加減を覚えて、煮物をおいしくつくれるようになろう。

ひたひた

材料を平らに入れ、水を注いだ時に材料の頭が一部見えているくらいの量。

かぶるくらい

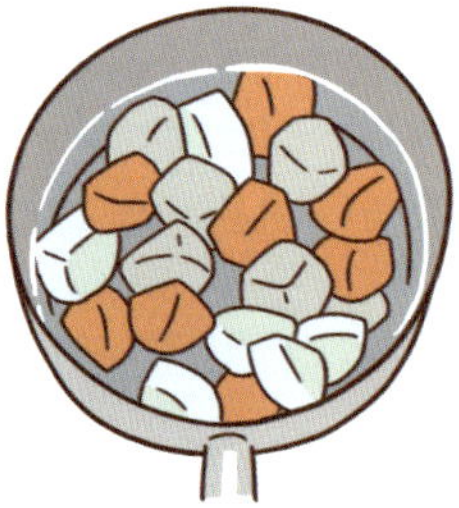

材料が水につかり、頭がぎりぎり出ていないくらいの量。

たっぷり

材料が完全に水の中につかる量。

材料は平らに並べる

材料を鍋底に平らに並べるのもポイント。具がかたよっていたり、重なっていると煮くずれたり、味にムラができてしまうので注意。

19 火加減

コンロの火力表示に頼らず、炎と鍋の中を見て確認する

コンロの火力表示だけに頼るのはNG。適した火力になっているかは、フライパンや鍋の大きさによっても変わるので、炎や鍋の中の状態を見て調整する。正しい目安を知っていると、光熱費の節約にもつながる。

強火

炎が勢いよく出て、鍋底についている状態。鍋の直径よりも炎がはみ出ているのは、火が強すぎる。

グラグラと煮立ち、中の材料が動くくらい

中火

炎が鍋底につくか、つかないかくらいの状態。

フツフツと煮立ち、中の材料がゆるく動くくらい

弱火

炎が鍋底から完全に離れている状態。炎の高さは、火元と鍋底の中間くらいが目安。

表面がコトコトと波立ち、中の材料はほとんど動かない

IHの火加減は？

IH調理器の場合は、温度調整の設定がメーカーや商品によって異なるので、取り扱い説明書を参照する。

きほんの調味料

しょうゆや砂糖など、基本の調味料にもさまざまな種類があります。
使い分けのポイントを知り、合うものを選びましょう。

20 砂糖 一般的に砂糖といえば上白糖 好みで選んでもOK

もっとも一般的で使いやすいのが「上白糖」。甘みにコクがある「三温糖」は煮物や佃煮に向く。サラサラした「グラニュー糖」は、お菓子やジャムづくりによく使われる。

甘みをつけるだけでなく、照りをつけたり、しっとりさせる効果もある。

上白糖
三温糖
グラニュー糖
種類によって風味が変わるよ

21 塩 レシピでは、粒の小さい塩が基準になっている

魚を焼く前に塩をふると生臭さが取れるよ

塩は種類が多く、あら塩などの大きい粒のものもあるが、一般的なレシピでは、小さい粒のものを基準にしている。自然塩を使うなら、細かくしたものを選ぶと正しくはかれる。

精製塩は雑味がなくクリアな味わい。自然塩はミネラルが多く、まろやか。

22 しょうゆ
レシピの基本は「濃い口しょうゆ」

開封後は傷みやすいので冷蔵庫へ

レシピに「しょうゆ」と書かれていたら、通常は「濃い口しょうゆ」を使う。色が薄い「薄口しょうゆ」は、お吸いものなどを薄くて上品な色に仕上げたい時に使う。

見た目とは違い、薄口しょうゆの方が塩分が高い。

23 みそ
レシピに指示がなければ、自分の好みで選んでOK

みそは、米や麦などの原料による分類、辛口などの味による分類、赤みそなどの色による分類がある。レシピには色が書かれていることが多い。特に指示がなければ、好みのものを。

２種類以上のみそを混ぜ合わせた「合わせみそ」は、複数の味がブレンドされ、よりおいしくなる。

赤みそ
八丁みそ、仙台みそなど

淡色みそ
信州みそなど

白みそ
西京みそなど

みその容器の紙は捨てないで！

みそは、空気に触れた部分から劣化するので、容器の中にある紙で表面をおおい、ふたをきちんと閉める。紙がない場合はラップでおおう。

24 酢

さまざまなジャンルの料理に合うのは穀物酢

主な原料によって、穀物酢・米酢・果実酢に分かれる。穀物酢はクセがなく、すっきりとした味わいで、和・洋・中の料理に合う。

酢の物には
酢・しょうゆ・みりんを
合わせた三杯酢を使って
酢

米酢はすしや和食全般、果実酢はサラダやマリネなどの洋風料理に向いている。

25 酒

お酒として飲める清酒だと味が決まる

あっそれは
料理用〜!!
ウマイ
清酒

料理酒には塩分などが加えられているので、レシピ通りに使うと味が変わってしまう。料理には、日本酒として飲める清酒を使うのがよい。

ワインは洋風料理に、紹興酒は中華料理に使うと、本格的な味になる。

26 みりん

みりん風調味料より本みりんを使うのが◎

キッチンの暗くて
涼しい場所に保存を
みりん

みりんは、お酒の一種に分類される甘味調味料で、一般に「本みりん」として販売されている。「みりん風調味料」は、みりんに似た味わいの調味料で、原料や製法が異なる。

低温で保存すると糖分が結晶化するので、冷蔵庫でなく、冷暗所で保存する。

27 油 サラダ油は、揚げ物にもドレッシングにも使える万能タイプ

使ったら酸化しないよう
すぐにふたをして、冷暗所へ

サラッとしていてクセがないサラダ油は、どんな料理にも使えて便利。オリーブ油は香りと風味がよいので、サラダやマリネに合う。ごま油は香りが強いので、風味をつけたい時に。

コクがあり風味のよいバターは、加熱するとよい香りが出る。炒め物やお菓子づくりに向いている。

粉類の使い分け

衣や生地をつくる、とろみをつけるなどの役割をする粉類。それぞれの性質を知って、適した用途で使おう。

小麦粉

一般的に小麦粉というと「薄力粉」を指す。水を加えて練っても、強い粘りが出ないのが特徴で、パンケーキや天ぷらなどに使われる。グルテンの含有量が多い「強力粉」は、パン・ピザ・麺などに用いられる。

かたくり粉

じゃがいものでんぷんを原料としている。小麦粉に比べてとろみのつく温度が低く、粘度もあるので、あんかけなどに適している。衣に使って油で揚げると、カリッとした軽い食感になる。

パン粉

パンを色がつかないように焼き、細かく砕いたもの。揚げ物の衣やハンバーグのつなぎなどに使う。生タイプと乾燥タイプがある。生タイプは水分が多く、カラリと揚がるが、油の吸収率は高い。

レパートリーが広がる調味料

いろいろな調味料があると、料理や味の幅が広がります。少しずつそろえていきましょう。

28 使い方がワンパターンになりがちな調味料をいつもの料理にプラス！

数回使っただけで残りがちな調味料にも、さまざまな使い道がある。いろんな料理に使ってみて。

オイスターソース

かきが原料のため「かき油」とも呼ばれる、中国の調味料。濃厚な風味とうまみ、コクがあるので、少量でも味に変化が出る。

こんな使い方も
カレーの隠し味にしたり、餃子やから揚げの下味に加える。しょうゆと合わせて、卵かけごはんにかける。

粒マスタード

黒または白がらしの種子に、水や酢・塩などを混ぜた香辛料。「マスタード」は粒を砕いたもの。ソーセージに添えたり、サラダの味付けに使う。

こんな使い方も
サンドイッチのパンに、バターと一緒にぬる。マヨネーズに混ぜて、サラダなどのドレッシングに。

豆板醤《トウバンジャン》

そら豆を原料にしたみそに、赤唐辛子を加えてつくる中国の調味料。ピリッとした辛みと、発酵によるうまみ・風味が特徴。

こんな使い方も
餃子のたれに加える。パスタにタバスコの代わりとして使う。白菜の漬物に加えて、辛さを足す。

練りごま（白）

炒った白ごまを、ペースト状になるまですりつぶしたもの。油が出て、とろりとしている。たれやドレッシングなどに使われる。

こんな使い方も
みそ汁・ラーメンに加える。ドレッシングに加える。ジャムに混ぜ、パンにぬる。

＼小さじ１を混ぜるだけで、コクのあるごまみそラーメンに！／

ラー油

ごま油に赤唐辛子などの香辛料を入れて熱し、辛みや香りを移した中国の調味料。餃子のたれに使うのが定番。

こんな使い方も
わかめスープに加える。納豆のたれに混ぜる。ナムルに加える。

テンメンジャン

中華料理で使われる甘いみそ。大豆でつくったみそをベースにしている。回《ホイ》鍋肉《コーロウ》などの調理や、野菜や肉につけるみそとして使われる。

こんな使い方も
マヨネーズと混ぜてディップに。煮込みハンバーグの隠し味に。

ナンプラー

タイなどのエスニック料理に欠かせない調味料。魚を塩漬けにし、発酵させてつくる。独特のコクと塩辛さがあり、加えるだけでタイ料理風になる。

こんな使い方も
鶏スープに加える。手羽先から揚げの下味に。焼きうどんに加える。

バルサミコ酢

ぶどう果汁からつくる果実酢。木樽で何年も熟成させるので、黒みを帯びている。豊かな香りとコクが特徴。オリーブ油と相性がいい。

こんな使い方も
アイスクリームにかける。白ワインビネガーと合わせて、ピクルス液に。

きほんのだしのとり方

かつお節・昆布・煮干しを使った、代表的な和風だしをマスター。
だしがとれれば、和食の味が決まります。

29 かつおだし かつお節は水から煮ると雑味が出るので熱湯に加える

香りや味もさっぱりして上品。だし巻き卵やすまし汁に合う。

材料（作りやすい分量）

かつお節…15g
水…２カップ（400㎖）

作り方

① 鍋に水を入れ、火にかける。沸騰したらかつお節を入れ、弱火で１分煮る。
② 火を止めてかつお節が沈んだら、ざるでこす。澄んだだしをとる場合は、キッチンペーパーを通す。

こんな料理に合う
すまし汁、茶碗蒸し

かつお節が下に沈んでからこすと雑味がなく、うまみがきいただしになる

少量のだしをとるには

ティーポットを使って、茶こしにかつお節を入れて熱湯を注ぎ、ふたをして10分ほど蒸らす。材料の分量は水50㎖に対し、かつお節１gが目安。

だし汁の保存法

冷ましてから密閉容器に入れて冷蔵庫へ。２日くらい保存できる。冷凍する場合は製氷皿で凍らせると、必要な分だけ使えて便利。保存は３週間程度。

30 昆布だし
昆布はじっくり水に浸して戻してから火にかける

上品で控えめなうまみ。素材の味や香りを大切にする料理に向いている。

粘りが出やすい利尻昆布や羅臼昆布は、沸騰する直前に取り出すように

こんな料理に合う
湯豆腐、おでん

材料（作りやすい分量）

昆布…5cm角2枚
水…2カップ（400mℓ）

作り方

① 鍋に水と昆布を入れ、30分以上おく。
② 弱火でゆっくり沸騰させ、沸騰したらそのまま1分間加熱し、昆布を取り出す。

31 かつおと昆布のだし
かつお節と昆布を組み合わせると味わいが深まる

かつお節のイノシン酸と、昆布のグルタミン酸を合わせることで、うまみの相乗効果が生まれる。さまざまな料理に使えるので便利。

材料（作りやすい分量）

かつお節…15g　　水…2カップ（400mℓ）
昆布…5cm角1枚

作り方

① 鍋に水と昆布を入れ、30分以上おく。
② 火にかけて沸騰したら、かつお節を加えて、弱火で1分ほど煮る。
③ 火を止めて昆布を取り出し、かつお節が沈んだらざるでこす。澄んだだしをとる場合は、キッチンペーパーを通す。

火を止めてから2～3分おくことで、かつお節のうまみと香りが抽出される

こんな料理に合う
和食全般、幅広い料理に合う

32 煮干しの頭と腹のワタを取ればすっきりしたうまみになる

煮干しだし

煮干しのうまみ成分は、かつお節と同じイノシン酸。かつお節より酸味と香りが強いのが特徴。

頭と腹のワタを取ってからだしをとると、雑味が抑えられる

こんな料理に合う
みそ汁、麺類のつゆ

材料（作りやすい分量）

煮干し…10尾（頭と腹のワタを取ったもの）
水…２カップ（400mℓ）

作り方

① 鍋に煮干しと水を入れ、30～60分おく。
② 火にかけて沸騰したら弱火にし、アクを取りながら５～10分ほど煮る。
③ 火を止め、ざるでこす。澄んだだしをとる場合は、キッチンペーパーを通す。

33 昆布をプラスすることで、より上品な味わいに

煮干しと昆布のだし

煮干しと昆布を一緒に入れると、うまみや甘みがより強く感じられる。

材料（作りやすい分量）

煮干し…５尾（頭と腹のワタを取ったもの）
昆布…５cm角１枚　水…２カップ（400mℓ）

作り方

① 鍋に煮干しと昆布、水を入れ、30～60分おく。
② 火にかけて沸騰したら弱火にし、昆布を取り出す。アクを取り、煮干しだけを５分ほど煮る。
③ 火を止め、ざるでこす。澄んだだしをとる場合は、キッチンペーパーを通す。

煮干しと昆布を水に入れて
冷蔵庫で一晩おくだけでも
だしがとれる

こんな料理に合う
野菜が具のみそ汁、麺類のつゆ

34 鶏スープ 手羽先と香味野菜があれば本格的な鶏スープがとれる

手羽先でとる鶏スープは、手軽なのに本格的。コクとうまみが楽しめる。

アクをしっかりとると、おいしいスープに

こんな料理に合う
中華スープ、ラーメン

材料（作りやすい分量）

手羽先…６本
しょうが…１かけ
ねぎの青い部分…１本
酒…大さじ2
水…６カップ（1.2ℓ）

作り方

① 手羽先は水で洗い、水けを拭く。骨に沿って包丁で切り込みを入れる。
② 鍋に手羽先と薄切りにしたしょうが、ねぎ、酒、水を入れて火にかける。
③ 煮立ったらアクを取り、弱火にして 20 分煮る。火を止めて、ねぎとしょうが、手羽先を取り出す。

市販のだしの使い方

時間のない時は、市販のだしが便利。湿気やすいので表示の保存法を守って！

和風だし

顆粒のものは、直接料理に加えて OK。ティーパックのものは、水から煮出す（お湯に入れるタイプもある）。塩分が加えられているものは、味をみながら量を調整する。

洋風だし

コンソメと呼ばれ、チキンやビーフ、野菜などの種類がある。顆粒タイプと固形タイプがあり、顆粒は使う量を調整できるので、少量だけ使いたい時に便利。

中華風だし

鶏ガラスープをベースにしたものと、鶏ガラと豚骨スープをベースにしたものがある。お湯に煮溶かして使ったり、チャーハンなどの炒め物に調味料として加えたりする。

chapter

2

下ごしらえ

下ごしらえは、食材の汚れやアクなど、

余分な部分を取り除くためのひと手間。

洗う、ゆでる、水につける、筋切りするなど

いろいろな方法があります。

休日
ふお〜
もう お昼か〜 何か つくろうかな
じゃがいもが 余ってるから〜 よし！ ポテトサラダに しよ！
ガサ ゴソ
ピコ！
なになに…
じゃがいもは 切ってから ゆでると 時短に… なるほど！
レシピ
トン
ゆでたら ざるに あげて…
つぶしながら ほかの具材と 混ぜる
できた 〜!!
10分で 完成〜♪
味はどうかな…
パク…
ん？ ポテトサラダって こんなにべちょっと してたっけ…

翌日
ん～…
まだ水っぽい…
べちょ…
ポテサラ？どうやってつくったの？
時短のために切ってからゆでたんです
エヘヘ
ゆでた後粉ふきにした？
粉ふき？
ガタ
ガタ
ゆで汁を捨てたら弱火にかけて、粉をふくまで鍋をゆするのよ
そうすると水分が飛んでホクホクのポテトサラダになるわよ
へぇ～そうなんですか！
サヨさんはいつもそうやって？
私は粉ふきはしないわ

えっ!?
じゃどうやって…
私はじゃがいもを皮つきのままゆでるから粉ふきの必要がないの
ゆで時間は長くなるけどね
じゃがいもをゆでるにもいろいろあるんですね…
奥が深い…
そうね
下ごしらえを知っていると料理上手になれるわよ
たとえば…
レタス
氷水につける
→葉がパリッと♪
魚
焼く前に塩をふる
→身がふっくら♡
なるほど〜やってみます!
ポテトサラダのきゅうりも板ずりすると
塩をふって両手でころがす
ごろ
ごろ
独特の青臭さが抜けて味もなじみやすくなるわよ
勉強になる〜!
メモメモ
試してみてね
フフフ

その夜
よし！
リベンジよ〜!!
じゃがいもをゆでつつ…
きゅうりの下ごしらえ、
ぐつぐつ
ゴリ
ゴリ
で、じゃがいもは粉ふきにする！と
完ペキ
ゴト
ガタ
できた〜
うん、おいしい!!
しかし…次は献立を考えてつくろう…
W炭水化物
モリッ
せめてパンだった…

下ごしらえで手を抜くと「おいしい！」が遠ざかる

どうして下ごしらえが必要なの？

レシピに「魚に塩をふってから15分おく」と書かれていたけれど、「時間がないから3分でいいか」と、省略したことはありませんか？

時間も手間もかかる「下ごしらえ」は、つい省略したくなるもの。でもそこが、おいしくなるか、まずくなるかの分かれ道なのです。

魚に塩をふるのは、味をつけるだけでなく、臭みを取るためにもしているのです。この作業を省略してしまうと、臭みを取ることができず、おいしさも半減してしまいます。下ごしらえは料理の仕上がりを決める、大切な工程なのです。

効率のいい方法で下ごしらえがラクになる

レシピに「ほうれん草をよく洗う」と書いてあったから、流水で丁寧に洗ったのに、切ったら根元に土が残っていた、なんてことはありませんか？　ほうれん草は「根元を水につけてから、ふり洗いする」のが基本で、流水で洗うよりも簡単に土が落ちます。このように基本を知らないと、余計な手間と時間をかけてしまうこともあるのです。

そのほか、「ゆでる」という下ごしらえでも、ほうれん草はゆでてから「冷水にとる」、白菜は「ざるにあげる」など、食材ごとに方法が違うことも。適した下ごしらえで、スムーズに調理しましょう。

ブロッコリーをおいしくゆでるには？

ブロッコリーはゆですぎると、水っぽくなり、やわらかすぎる食感に。ゆで加減が難しいブロッコリーは、蒸しゆでがおすすめ。ブロッコリーの高さの半分くらいの水を入れ、ふたをして3分くらい蒸しゆでする。その後、ざるにあげて冷ますと、ふんわりとしたつぼみと、さくっとした茎に仕上がる。

下ごしらえは時間のかかるものから

下ごしらえには、数分でできるものもあれば、6～7時間かかるものもある。レシピを見て、時間のかかるものからとりかかり、効率よく調理すると◎。

野菜の下ごしらえ ①洗う

種類によって、適した洗い方は変わります。表面についた土や汚れをしっかり洗い落とし、おいしく食べられるようにしましょう。

35 葉物野菜の根元はつけおき洗いが◎

>>> 適した野菜：ほうれん草、小松菜、春菊など

ほうれん草や小松菜は、根元に十字の切り込みを入れると、簡単に汚れが落ちる

ボウルに水をためて、根元をしばらくつけてからふり洗いする。葉は根元をしっかり持ち、ボウルにためた水の中を泳がせるようにして洗う。

かいわれ大根などのスプラウト類は、根元を持って逆さにし、水を張ったボウルに入れ、数回ふり洗いする。こうすると、葉についたタネの皮がきれいに取れる。

36 レタスなどは使う分だけ葉をはがし、1枚ずつ洗う

>>> 適した野菜：レタス、キャベツ、白菜など

レタスやキャベツなどは、必要な分だけ外側から葉をはがし、流水で葉をこするようにして洗う。

レタスは包丁で切ると変色するので、手でちぎる。

37 青物は板ずりをしてから洗うと表面がなめらかになり、色も鮮やかに！

>>> 適した野菜：きゅうり、オクラ、ふき

きゅうりなどをまな板の上に並べて塩をふり、両手で押さえながら転がすことを「板ずり」という。こうすると発色や食感がよくなる。板ずりをしたら、水洗いをして塩を洗い流す。

きゅうりはイボ、オクラはうぶ毛が取れ、ふきはかたい皮がむきやすくなる。

塩は全体にゆきわたるよう、たっぷり使う。きゅうりなら1本につき、小さじ1/2～1が目安

38 根菜・いも類は、たわしでこすって土を落とす

>>> 適した野菜：じゃがいも、にんじん、さつまいも、里いも、ごぼうなど

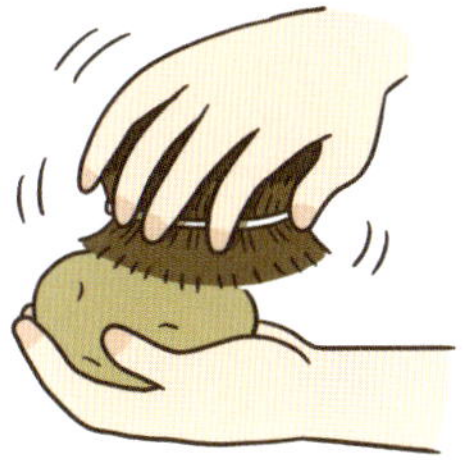

皮つきで使う場合は念入りに洗って

土つきのものは、全体を水できれいに洗い流す。その後、たわしを使って、表面についた土や汚れを落とす。

里いもは、ぬれた状態で皮をむくとぬめりが出て扱いにくくなるので、水けを拭くか、乾かしてから皮をむく。

きのこは洗わずに拭く

きのこは水で洗うと風味が落ちてしまうので、乾いたキッチンペーパーなどで汚れを拭き取る。ただし、なめこは酸味と汚れを落とすため、軽く水洗いするのがおすすめ。

野菜の下ごしらえ ②皮をむく

皮むきにもいろいろなルールがあります。覚えれば料理の味や舌ざわりがぐっとよくなり、おいしさもアップ！

39 皮がやわらかい野菜は、ピーラーで薄くむく

»» 適した野菜：にんじん、れんこん、じゃがいもなど

にんじんやれんこんなどは、皮のすぐ下にたっぷり栄養が含まれているので、できるだけ薄くむく。ピーラーを使うと、簡単に薄くむけるのでおすすめ。つけ根などの太い部分に刃を当て、縦にまっすぐ引く。

じゃがいもなど丸みのある野菜は、ピーラーを短めに引くとうまくむける。

ピーラーは力を入れず、縦にスッと引く

40 ごぼうやしょうがの皮は風味が残るようにこそげ取る

皮は多少残っていてもOK

ごぼうやしょうがなどは、皮や皮のすぐ下に風味があるので、むかずにこそげ取る。

包丁の背やスプーンのふちを皮に当てて、薄く削るようにこすると、うまく皮を取り除ける。

41 かたい皮や筋のある皮は厚めにむいて舌ざわりをよくする

>>> 適した野菜：里いも、大根、かぶ、さつまいもなど

皮がかたくて筋のある野菜は、薄くむくと舌ざわりが悪くなるので、包丁の根元を使って厚めにむく。大根など長さのある野菜は、料理に合わせた長さにカットしてからむくとラク。

里いもやかぶなどの小ぶりな野菜は、縦方向に包丁を入れるときれいにむける。

里いもは上下を切り落として、切り口から縦に皮をむく

42 トマトは切り目を入れて湯むきする

30秒ほどすると皮がめくれてくるよ
ぺらん

トマトはおしりに十文字の浅い切り目を入れた後、たっぷりのお湯を沸かした鍋につける。皮がめくれてきたら手早く冷水につけて、指で皮をむく。

切り目のめくれた皮をつまんでむくと、簡単に皮がはがれる。

Point

色が均一でないじゃがいもは、むき方に注意

じゃがいもは古くなると皮に青い部分ができ、えぐみが出る。新鮮なものは薄くむいた方がよいが、色が均一でなければ厚めにむくように。

野菜の下ごしらえ ③水につける

野菜を水につけると、変色を防いだり、食感をよくすることができます。野菜の特徴や目的に合わせて行いましょう。

43 生野菜は氷水でパリッとさせる

>>> 適した野菜：レタス、キャベツ、きゅうりなど

盛りつける直前に水から出しましょう

野菜は水につけると水分を吸収して、みずみずしくパリッとした食感に。冷やすと繊維がかたくなるため、サラダなど生で食べる場合は、切ってから10分ほど氷水につけると、よりシャキシャキしておいしくなる。

長くつけすぎると水っぽくなり、風味や甘みが薄くなるので注意。

44 切り口の変色を防ぎ、きれいな仕上がりに

>>> 適した野菜：ごぼう、ナス、れんこんなど

ごぼうやナスなどは、切り口が空気に触れると茶色く変色してしまうので、切ったらすぐに5分ほど水につける。

切り口を白くしたい時は、水に酢を加えるときれいに仕上がる。

酢水につける場合は水2カップに対し、酢小さじ1を入れて

45 アクの強い野菜は、切った後すぐに水にさらす

>>> 適した野菜：さつまいも、ほうれん草など

独特のえぐみで料理の色や風味を損なうアクは、水にさらして取り除く。さつまいもは切ってすぐに10分ほど水にさらすと、アクが抜ける。ほうれん草はゆでた後、冷水に15分ほどつけ、しぼって水を切ればOK。

ごぼうは水にさらすと栄養分が、れんこんは水にさらすと粘り成分が溶け出してしまう

アク抜きが必要な野菜と不要な野菜があるので、必要に応じて行うように。

46 ねぎなどの辛みをやわらげて、食べやすくする

>>> 適した野菜：玉ねぎ、長ねぎなど

玉ねぎは薄切りにしてから水にさらす

玉ねぎや長ねぎなどを生で食べる場合は、切ってから20分ほど水にさらすと辛み成分が抜けて、食べやすくなる。水につけた後はざるにとるか、キッチンペーパーで包んで水けを取る。

水にさらした後、ふきんに包んでもむと、辛みがしっかり取れる。

野菜の下ごしらえ ④ゆでる

野菜を下ゆですると、アクが取れて、口当たりもやさしくなります。
２種類のゆで方と、あら熱の取り方をチェック。

47 青菜などのアクの強い野菜はたっぷりのお湯でゆでる

>>> 適した野菜：ほうれん草、春菊、チンゲン菜、ふきなど

ほうれん草などのアクの強い青菜や、緑色をきれいに保ちたい緑黄色野菜は、たっぷりのお湯に入れてゆでる。お湯がぬるいと色があせてしまうので、必ず沸騰したお湯に入れるように。

大きさによるが、ゆで時間の目安は葉物が１～２分、根菜が４～５分。

青菜は根元を先に入れると均一に火が通る

48 アクの少ない野菜は蒸しゆでにする

>>> 適した野菜：白菜、キャベツ、ブロッコリーなど

フライパンは効率よく加熱できるのでおすすめ！

キャベツなどのアクのない淡色野菜や、ブロッコリーなどのアクの少ない緑黄色野菜は、少ないお湯で蒸しゆでにすると、水っぽくならずおいしく仕上がる。

鍋またはフライパンに、野菜とひたひたの水を入れ、ふたをして火にかければ、蒸しゆでになる。

49 野菜の種類によって あら熱の取り方も変わる

冷水につける

>>> 適した野菜：ほうれん草、春菊、ゴーヤなど

熱を感じなくなるまで
冷水につける

アクが強い青菜などの緑黄色野菜は、ゆでた後に冷水につけると、アクが抜けて色も鮮やかになる。

冷水につけた後はしぼるなど、しっかりと水けを取る。

冷水につけ、ざるにあげる

>>> 適した野菜：きぬさや、オクラなど

アクの少ない緑黄色野菜でも、緑色をきれいに保ちたい時は、ゆでた後に一度冷水につけ、それからざるにあげる。

水っぽくならないよう、あら熱が取れたらすぐにざるに広げ、冷ます。

鮮やかな緑色に保てるよ

そのままざるにあげる

>>> 適した野菜：白菜、キャベツ、ブロッコリー、かぼちゃなど

うまみが流れず、
おいしく仕上がる

白菜などの淡色野菜や、水につけると水っぽくなる野菜は、ゆでたらそのままざるにあげて冷ます。

冷ましている間も余熱で火が通るので、かためにゆでるのがおすすめ。

野菜の下ごしらえ ⑤おろす

おろし器には目が粗いものと細かいものがあります。用途によって使い分けて、食材のよさを活かして。

50 食感を残したい時は目の粗いおろし器を使う

大根やかぶなどを、水分や食感を残しておろしたい場合は、目の粗いおろし器を使う。おろした後に水けを切る時は、しぼらず、キッチンペーパーを敷いたざるにあげて、しばらくおく。

おろし器はアルミ製やプラスチック製など、種類によって特徴があるので、好みや用途で使い分けを。

アルミ製のおろし器

おろした野菜の粒の形が短く、ふぞろいになりがちだが、歯ごたえを楽しめる。

プラスチック製のおろし器

野菜の繊維が残りやすいが、しっとりとした食感になる。

セラミック製のおろし器

小さく密集した突起により、キメが細かく、なめらかな舌ざわりになる。

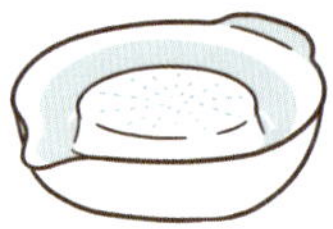

フードプロセッサー

野菜の粒の形や大きさは、ふぞろいで粗くなる。おろしそばやおろし煮に向いている。

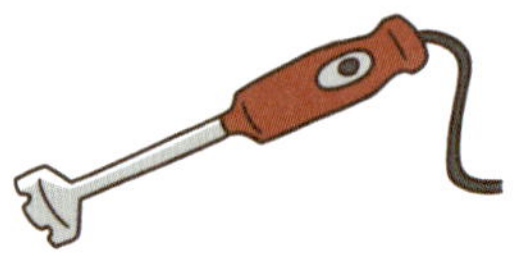

51 香味野菜の辛み・香りを出すなら細かい目のおろし器で

わさびやしょうがなど、香味野菜の辛み・香りは、すりつぶすことで引き出される。サメ皮など、目が細かいおろし器でおろすのがおすすめ。

わさびは汚れや根元を、しょうがは傷やかたい部分を取り除いてから、円を描くように、やさしくゆっくりおろす。

サメ皮のおろし器は目が細かく、なめらかにおろせる

52 山いもなどの粘りを出したい時はすり鉢でふんわり仕上げる

キメが細かく、ほどよい粘りが出る

山いもや長いもなどは、すり鉢でするとなめらかに仕上がる。

すりおろした後に、すりこぎを使ってすり鉢の側面にこすりつけるように混ぜると、よりふんわりとクリーミーに仕上がる。

汁を使いたい時は、目の粗いおろし器が◎

しょうがなどの汁を取りたい場合は、目の粗いおろし器を使うのがおすすめ。目の細かいものに比べ、にごりのない汁が多く取れます。

野菜の下ごしらえ ⑥乾物を戻す

乾物は水分を含ませて、やわらかくしてから調理を。食材に合わせて、戻し時間や戻し方を変えましょう。

53 干ししいたけはかぶるくらいの水でじっくり戻す

こうしん

水に5～6時間
または
ぬるま湯に30分

どんこ

水に一晩
または
ぬるま湯に30分

干ししいたけを水で戻す時は、うまみが戻し汁に出すぎないよう、かぶるくらいの水で戻す。こうしん（傘が七分ほど開いたもの）は5～6時間、どんこ（傘が開ききっていないもの）は一晩つける。

早く戻したい時は、30℃のぬるま湯に砂糖をひとつまみ入れたものにつけてもOK。

54 切り干し大根はたっぷりの水で戻す

切り干し大根は、水の中でもみ洗いをして汚れを落としてから、たっぷりの水に10～15分つける。戻したら手でしぼり、水けを切る。

戻し汁にはうまみが出ているので、含め煮などをつくる時は捨てずに、煮汁として活用を。

55 ひじきは戻した後に水でサッと洗う

ひじきは水で軽く洗って汚れを取り、たっぷりの水に20～30分つけて戻す。戻ったらざるにあげてサッと洗い、水けを切る。

戻した後に、熱湯で2～3分ゆでると、臭みが抜けて、味が染み込みやすくなる。

多めの水につけてね

56 カットわかめは大きめのボウルで戻す

わかめは戻すと体積が10倍に！
!!
もっさり

カットわかめなどの即席わかめは、大きめのボウルに入れて、たっぷりの水に5分つける。水につけすぎると風味が抜けてしまうので、注意が必要。

わかめは戻すと体積が大きくなるので、あらかじめ必要な量を確認してから戻すように。

point

乾物を水で戻した時の重量の増え方

干ししいたけは約4倍、ひじきは約4～5倍、切り干し大根は約4.5倍、カットわかめは約12倍になる。戻しすぎないよう注意を。

魚介の下ごしらえ

魚介をおいしく食べるポイントは、新鮮なうちに調理すること。調理の前にひと手間加えることで、さらにおいしく味わえます。

57 生魚に塩をふると一石二鳥 臭みが取れて身がしまる

塩をふると、魚の中の生臭い成分が水分と一緒に表面に出てくる。この水分を、キッチンペーパーなどで拭き取ると、生臭さが消える。塩をふると身がしまり、うまみをとじこめる効果も。

塩の量は、魚の重さの2%くらいが目安

魚はバッドなどに並べ、両面に塩をまんべんなくふる。その後、10～20分おいてから表面を拭くように。

58 解凍した切り身魚は 流水で3秒洗うと、においが取れる

切り身の魚は基本的に洗わず、表面を拭けばOK。ただし、さばやぶりなどの生臭さが気になるもの、かじきなどの解凍された魚は、流水で表面を軽くこするとにおいのもとが取れる。

洗ったらすぐに水けを拭き取るのよ

においのもとである「トリメチルアミン」は水に溶けやすい。水で3秒洗い流すだけで、においが落ちる。

59

煮魚にする場合は「霜降り」で臭みを落とす

熱湯で魚の表面が
白くなることから
「霜降り」と呼ばれているよ

魚を煮る時は、「霜降り」という下処理をする。たっぷりの熱湯に魚を入れ、表面が白くなったら水にとる。水を替えながら、表面の汚れや血合いなどを丁寧に取り除くと臭みが取れる。

表面を熱でかためることで、煮汁の中にうまみが逃げにくくなる。

60

柵《さく》の刺身を切る時は、赤身は厚く、白身は薄く

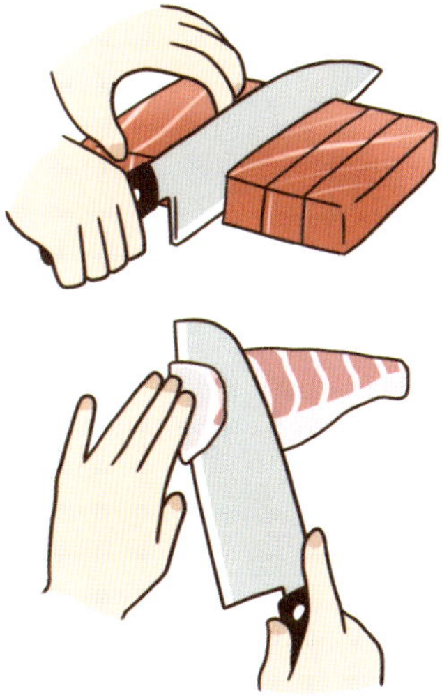

赤身は刃をまっすぐに入れる。白身は刃をななめに入れ、そぐように切る

まぐろなどの赤身の魚は、身がやわらかいので厚く切り、歯ごたえを持たせる。白身魚は身がしまっているので、薄切りにした方が歯ごたえとうまみを感じられる。

包丁を前後に何度も動かすと、魚の身がぐずぐずとくずれてしまう。包丁を刃の根元から入れ、一気に引くときれいに切れる。

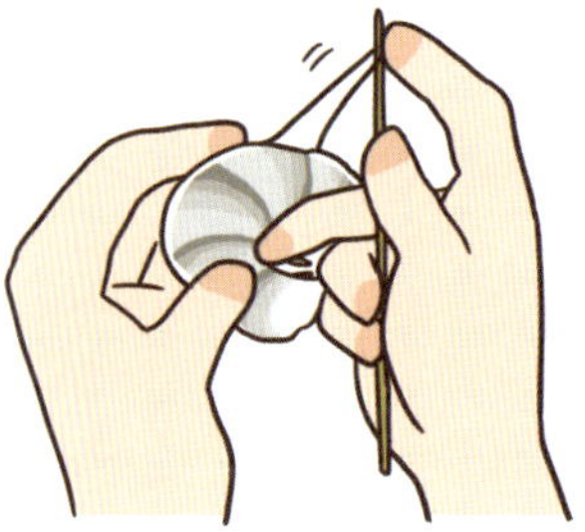

すくい取った背ワタを人差し指で押さえると、取りやすい

61

えびの背ワタは竹串を刺して取る

背ワタはえびの内臓。臭みがあり、口当たりが悪いので、殻をむく前に取る。背中を丸め、頭から２～３節目の間に竹串を刺し、背ワタをすくい取る。

むきえびにも背ワタはあるので、同じ手順で取る。

頭と殻のむき方

頭は、胴のつけ根を持ち、反対の手で引っ張って取る。殻は、背中を丸め、頭から３節目の間に指を入れて、殻を尾の方に引っ張ると簡単に取れる。

62

天ぷらやフライの時は、尾の処理をする

えびの尾の先の「剣先《けんさき》」と呼ばれる部分は、水分が多い。油はねを防ぐため、揚げ物にする時は、剣先を切り落とし、包丁で尾の中の水分をしごき出す。

えびフライなど、まっすぐに仕上げたい時は、腹側に３～４ヵ所、浅い切り込みを入れる。

63 あさりは塩分3％、しじみは真水か薄い塩水で「砂抜き」する

新聞紙をかぶせて、
砂が飛ぶのを防いで

あさりは、海水と同じくらいの濃度の塩水につけて、暗くて涼しい場所に2～3時間おく。しじみは真水か塩分1％程度の薄い塩水で、あさりと同様に砂抜きする。水の量は、貝の頭が少し見えるくらいでOK。

砂抜き済みの貝を買った時も、30分くらい砂抜きするときれいになり、安心。

Point

砂抜き後はこすり洗い

砂を吐かせたら、貝の表面をこすり合わせながら水洗いし、殻についた汚れを落とす。

64 かきのむき身は、塩水でそっとふり洗いする

かきのむき身は、殻のかけらなどの汚れがついているので、塩水（水200㎖に塩小さじ1）で洗う。塩水の中で全体を混ぜるようにして洗う。汚れが出てきたら塩水を捨て、2～3回真水で同様に洗う。

菌の繁殖を防ぐため、
洗うのは調理の直前に！

塩水の代わりに、かきに大根おろしを混ぜて洗う方法もある。大根おろしに汚れがついて灰色になったら、水で洗い流す。

肉の下ごしらえ

肉は、余分な皮や脂を取り除いたり、筋を切ると、見た目も味もよくなります。おいしさのためのひと手間を大切に。

65 鶏肉の余分な皮や脂肪は取り除きフォークで皮に穴をあける

鶏肉からはみ出した皮や白い筋、軟骨は包丁で取り除く。特に黄色みをおびた脂肪は臭みの原因にもなるので、丁寧に。フォークで皮を数ヵ所刺して、穴をあけると、加熱で縮むのを防げる。

裏側もフォークで穴をあけておくと、さらに火の通りがよくなり、味も染み込みやすくなる。

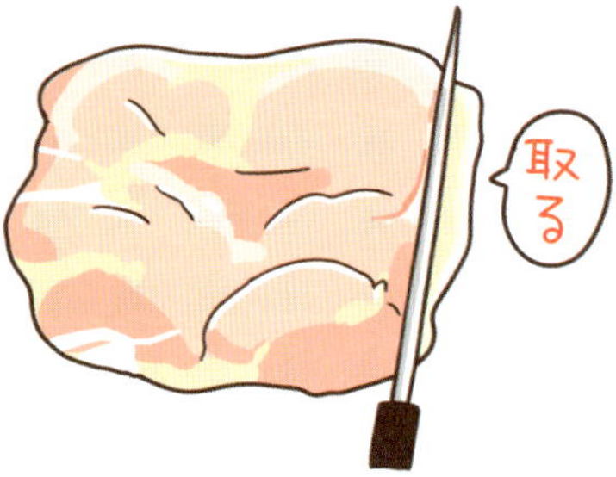

包丁の代わりにキッチンばさみを使ってもいい

66 ささみの筋は割り箸を使うとスルリと取れる

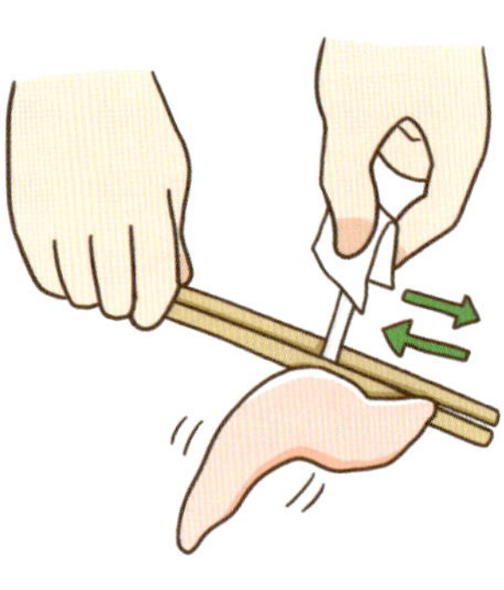

割っていない割り箸で、ささみの筋をはさみ、筋の先端をキッチンペーパーでつかむ。割り箸をのこぎりのように前後に動かしながら、筋を引っ張ると、簡単に筋が取り除ける。

手がすべらないよう、キッチンペーパーを使うのがポイント。

67

手羽先や手羽元は骨に沿って切り込みを入れる

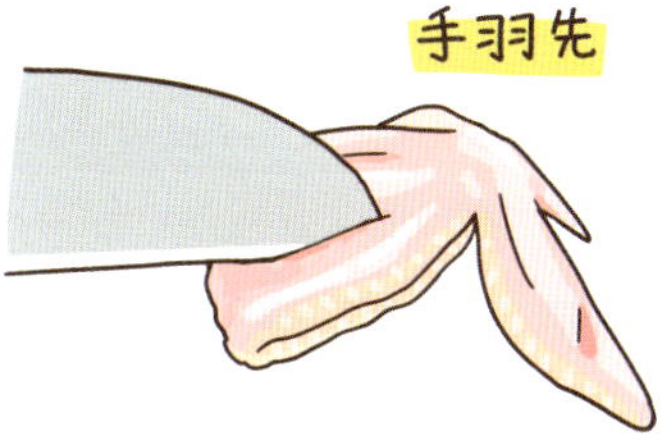

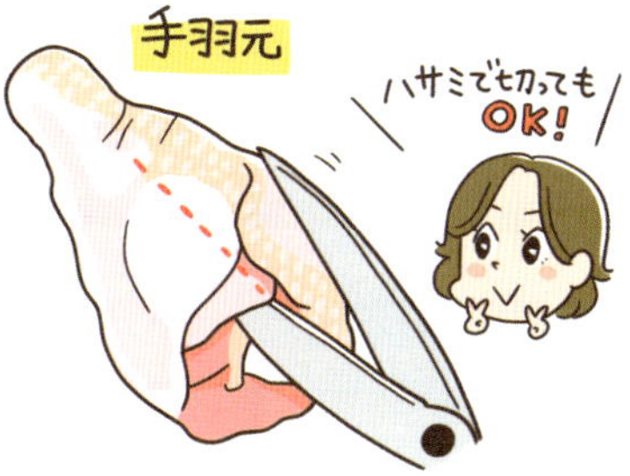

手羽先は皮の厚い方を下にして、骨に沿って関節まで切り込みを入れる。手羽元は、太い方を手前にし、2/3 ぐらいのところまで切り込みを入れる。こうすると火が通りやすくなる。

手羽先や手羽元は骨から血が出ていることもあるので、冷水で手早く洗い、水けを拭いてから調理する。

68

もも肉・むね肉は厚みがあるので常温に戻してから調理する

厚みがあるもも肉とむね肉は、中まで火が通りにくいので、調理する 15 ～ 30 分前に冷蔵庫から出して、常温に戻しておくといい。また、火を通りやすくするために、厚みを半分に切ることもある。

レシピに合わせて、塩・こしょうをふったり、調味液に浸しながら常温に戻すと効率的。

69 筋切りやたたくことで肉の縮みや反り返りを防ぐ

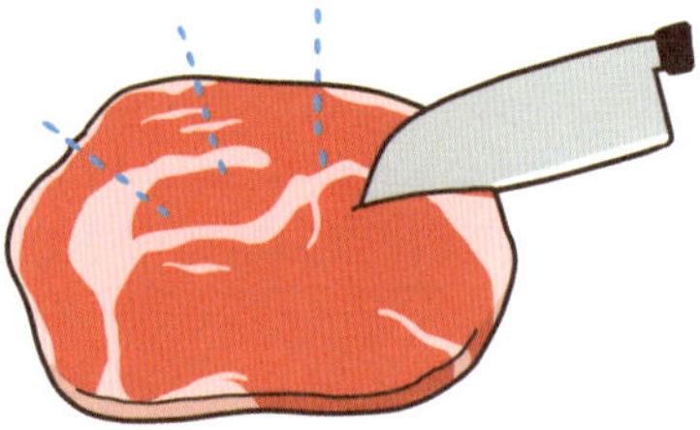

切り込みは3～4cm 間隔で
4～5ヵ所くらいが◎

肉は火を入れると縮んだり、反ったりする。それを防ぐため、脂身と赤身の間に切り込みを入れて筋を切るとよい。また、厚みのある肉は、包丁の背で全体を軽くたたくと、肉の縮みや反り返りを防げる。

肉をたたくと筋が切れるので、肉がやわらかくなる効果もある。

70 肉の表面に小麦粉やかたくり粉をまぶして、口当たりをよくする

肉の表面に軽く粉をまぶすと、水分や脂肪が抜けすぎるのを防ぎ、ジューシーに仕上がる。また、調味料がからみやすくなったり、口当たりがよくなる効果もある。

パサつきがちな鶏むね肉に使うと、しっとりした味わいに。

小麦粉とかたくり粉、どちらを使うといい？

肉にまぶすのはどちらでもOK。比べてみると、小麦粉はパサつき防止の効果、かたくり粉は焼いた時カリッと仕上げる効果が高い。

71 レバーは冷水や牛乳につけて生臭さを取り除く

臭みを取って
食べやすく
MILK
たー

レバーはたっぷりの水でサッと洗い、表面の汚れを落として、冷水に20分間つける。その後、レシピ通りに切り、牛乳につけて冷蔵庫に10分間入れると、うまみを残しつつ血抜きできる。

切った時、黒っぽい血の塊があったら包丁の先で取り除く。

72 砂肝は白い部分を包丁や手で取り除く

砂肝の白い部分（銀皮）はかたくて、食感が悪くなるので取り除く。砂肝を半分に切って2片にし、白い部分をすべて包丁でそぐように切る。

白い部分を手でつまんで、むくようにはがす方法もある。包丁でそぐよりも身をムダにしない。

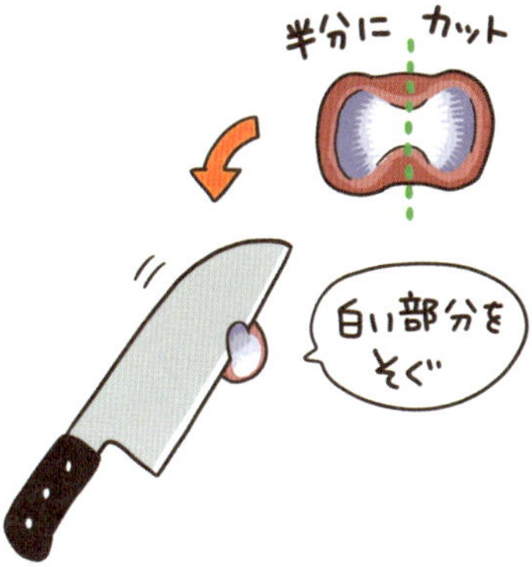
半分にカット
白い部分をそぐ

Point

モツの下ごしらえは？

煮込み料理に使う牛や豚のモツは、熱湯でゆでて臭みを抜いてから使う。下ごしらえして売られているものは、水洗いすればOK。

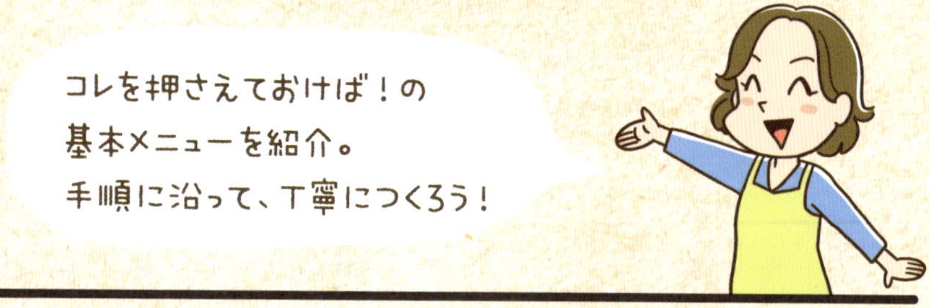
コレを押さえておけば！の
基本メニューを紹介。
手順に沿って、丁寧につくろう！

ごはん

ふたを開けずにじっとガマンがコツ！ 鍋でツヤツヤごはんを炊いてみよう。

鍋でふっくら！

材料（2人分）

米…1合（180㎖）

水…1カップ（200㎖）

作り方

1 米をボウルに入れ、水（分量外）でサッと洗う（最初の水は米の汚れを取る）。その後、**3～4回といで**から**ざるにあげて、20～30分おく。**

point! 強くこするのはNG やさしくといで

2 ①の米と水を、鍋に入れる。

point! ふたのすきまから湯気がフーッと出てきたら、弱火に

3 **ふたをして強火**にかける。**沸騰したら弱火**にし、10分間炊く。

4 火を止め、ふたをしたまま10分ほど蒸らす。しゃもじでさっくりと混ぜたらできあがり。

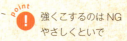

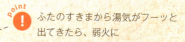

Recipe

みそ汁

おいしい発酵食の代表格。具材とみそを変えれば、いろいろな味が楽しめる。

材料（2人分）

豆腐…1/2丁（150g）
乾燥カットわかめ…小さじ1（2g）
長ねぎ…3cm
だし汁…1と1/2カップ（300㎖）
みそ…大さじ2/3（20g）

作り方

1 豆腐は1cmの角切りにする。長ねぎは薄めの小口切りにして、サッと水にさらす。

2 乾燥カットわかめは水につけて戻し、汁椀の中に入れる。

3 鍋にだし汁を入れて中火で温め、①の**豆腐を加える。沸騰させない**ように、弱火で2～3分煮る。

point！ 沸騰させると豆腐がかたくなるので、注意

4 器にみそを入れ、③の**だし汁を少し注いで溶かし、鍋に加える。**

point！ 鍋に直接みそを入れると、ダマになるので、器でとくのが◎

5 ②の椀に注ぎ、長ねぎを天盛りにしてできあがり。

具材を変えて、旬のおいしさをたっぷり楽しむ

春	夏	秋	冬
春キャベツ＆しじみ	なす＆トマト	きのこ＆さつまいも	かぶ＆白菜
新玉ねぎ＆わかめ	オクラ＆みょうが	かぼちゃ＆ごぼう	里いも＆水菜

鶏のから揚げ

ポリ袋で簡単にできる、ワザありのジューシーから揚げ。

材料（2人分）

鶏もも肉…1枚（300g）
卵…1/2個
A 酒…大さじ1
　しょうゆ…大さじ1と1/2
　しょうが汁…小さじ2
　おろしにんにく…小さじ1/4
　塩・こしょう…少々
小麦粉・かたくり粉…各大さじ3
揚げ油…適量

作り方

1 鶏もも肉は冷蔵庫から出して**常温に戻す**（冬は調理の30分ほど前、夏は15分ほど前に出しておく）。その後、**8～10等分に切る。**

point ! 鶏肉は横半分に切ってから、縦に切りましょう

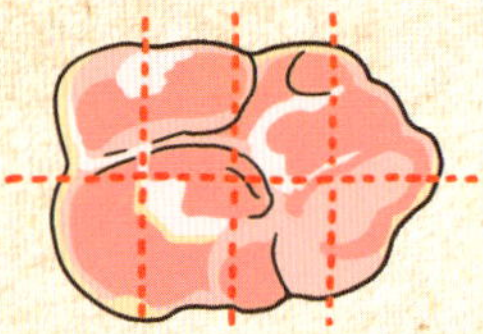

2 ボウルに①と**A**を入れてもみ込み、30分ほどおいてなじませる。卵を加えて、さらにもみ込む。

3 小麦粉とかたくり粉を入れたポリ袋の中に、水けを取った②を入れる。袋に少し空気を入れて口をしっかり握り、**シャカシャカとふって、全体に粉をまぶす。**

point ! 袋が破れないように、そっとふりましょう

4 180℃に熱した油に③を入れて1分30秒揚げたら、**一度取り出して4分ほどおく。**再び180℃の油に入れ、さらに1分ほど揚げる。

point ! 余熱で火が通り、ジューシーに仕上がる

Recipe

かぼちゃの煮物

だし不要、砂糖&水で煮るだけ。「おふくろの味」がパパッとできる。

材料（2人分）

かぼちゃ…300g
さやいんげん…3～4本
砂糖…大さじ1
塩…少々
すりごま…適宜

作り方

1 かぼちゃはタネとワタを取り除き、**皮をところどころむいて、**小さめのひと口大に切る。煮くずれしないよう、面取り（→P51）してもよい。

point かたいので注意！ レンジで軽く加熱するとむきやすい

2 さやいんげんは筋を取って塩ゆでにし、3cmの長さに切る。

3 鍋に**かぼちゃの皮が下になるように入れ、**かぼちゃが**半分ほどつかるように水を加える。**落としぶたをして中火にかける。

point なるべく重ならないように置きましょう

4 5～6分ほど煮たら砂糖を加え、少し火を弱めてさらに5分煮る。②のさやいんげんを加え、仕上げに塩で味をととのえて完成。お好みですりごまをかけてもOK。

Recipe

ポテトサラダ

男子がホクホク顔になる「ポテサラ」。じゃがいもをうまく転がして！

材料（2人分）

じゃがいも…２～３個（約300g）
玉ねぎ…1/4 個
きゅうり…1/3 本
ゆで卵…１個
スライスハム…２枚
マヨネーズ…大さじ2と 1/2（30g）

A
酢…大さじ 1/2
マスタード…小さじ 1/3
油…小さじ１
砂糖…小さじ 1/2
塩・こしょう…少々

塩・こしょう…適宜

ホクホクした食感が
特徴の、男爵いもが
おすすめよ

作り方

1 じゃがいもは皮をむき、４等分に切って水にさらす。スライスハムは角切りに、ゆで卵は粗みじん切りにする。

ポテサラ用・ゆで卵のつくり方

卵は常温にしておく。鍋に卵と、卵が隠れるくらいの水を入れ、火にかける。沸騰してから12 分で、ポテトサラダ向きの固ゆで卵のできあがり。

2 玉ねぎは繊維に沿って薄切りに、きゅうりは小口切りにする。ともに**塩水（水200㎖に塩小さじ１）に５分ほど浸し、**水けを切る。

point ！ 水分の多い野菜は、塩水にさらすことで水けを取ることができます

3 鍋に①のじゃがいもと**ひたひたになるぐらいの水を入れて、**中火にかける。竹串がスッと刺さるぐらいにやわらかくなったら、湯だけを捨てる。

4 鍋を再び弱火にかけ、**じゃがいもが焦げないように鍋をゆすりながら水分を飛ばす。**じゃがいもの周りが少しくずれて、粉をふいてきたら、火からおろす。

point ！ うまく転がして、ホクホク＆愛されポテサラに

5 じゃがいもを**熱いうちに木べらなどでつぶし、Aを加えて**混ぜる。

point ！ アツアツのうちに混ぜると味が染みてまろやかに

6 少し冷めたら①のハムとゆで卵、②とマヨネーズを加えて混ぜ、塩とこしょうで味をととのえて完成。

じゃがいもを丸ごとゆでてからつくるのもおすすめ！

鍋に皮つきのじゃがいもとかぶるぐらいの水を入れて、30分ほどゆでる。竹串がスッと刺さるぐらいにやわらかくなったら取り出し、皮をむいてつぶす。後は⑤以降と同じ。

Recipe

ハンバーグ

肉の粘りと空気抜きが成功の秘けつ。ふんわりで肉汁ジュワーな仕上がりに。

材料（2人分）

合びき肉…200g
玉ねぎ…1/3個
パン粉…大さじ2
牛乳…大さじ3
とき卵…1/2個分
油…大さじ1

A ケチャップ…小さじ1
ウスターソース…小さじ1
塩・黒こしょう…少々
油…大さじ2/3

B ケチャップ…大さじ3
ウスターソース…大さじ2
バター…大さじ1

ポテサラとレタス＆プチトマトを添えて、洋食屋さん風に

作り方

1 **パン粉は牛乳に浸す。**玉ねぎはみじん切りにし、大さじ1の油を熱したフライパンで炒める。しんなりと**半透明になったら（半生で可）**バットなどに広げて、冷ます。

2 ボウルに**合びき肉とAを入れ、しっかりこねる。少し粘りが出たら**①と、とき卵を加えてさらにこねる。

point ! ひき肉と調味料を粘りが出るまでしっかりこねると、ジューシーに

3 ②の肉ダネを２等分にし、１個分を手に取って軽く丸める。**片方の手のひらにたたきつけるようなイメージ**で（キャッチボールのように交互に）**数回打ちつけ、空気を抜く。**残りも同様にし、小判型にしてバットなどに置く。冷蔵庫に入れ、20～30分冷やす。

point 空気抜きが足りないと、焼いている時に割れてしまうので注意

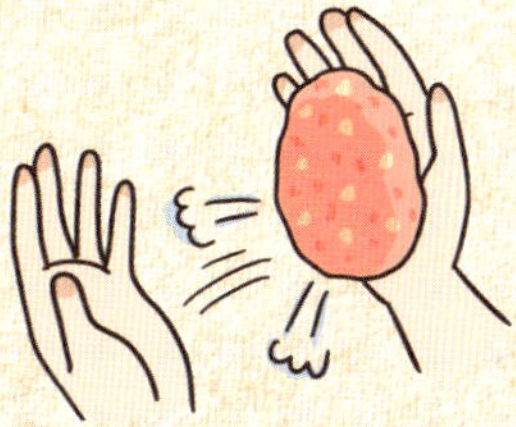

4 フライパンに油大さじ2/3をしいて中火にかけ、③を並べたら**中央をそっと手で押してくぼませる。**焼き色がついたら返し、ふたをして火を少し弱め、６～７分ほど焼く。

point 人差し指と中指の２本ぐらいで、そっと。焼き上がりは真ん中がふくらみます

5 ハンバーグから出る肉汁が透明になったら取り出す。**肉汁の残ったフライパンにBを入れ、**とろみが出るまで弱火で煮詰め、ソースをつくる。

point ソースがはね返らないよう、入れる時はフライパンを火からおろして

6 皿にハンバーグを盛り、ソースをかけてできあがり。野菜などを添えて、彩りよく。

合びき肉の選び方

合びき肉は店によって肉の比率が異なり、「牛肉６:豚肉４」がよく見られる。あっさり好みの人は赤身牛肉を多めにしたり、ジューシーにしたい時は脂多めの豚肉を増やすなど、自分好みの比率を見つけて。

chapter

3

段取り

主菜も副菜も一番おいしい状態で

食べるには、調理の段取りが重要！

キッチンを使いやすくして、

手際よく調理しましょう！

ゆでた後
冷水につけた
ほうれん草を
おひたしに…
ザク
完成〜〜
今日は
一汁三菜っ
う〜〜ん…
…しっかし
時間かかったな〜
見映えはいいけど
これに2時間…
カシャー
ズ…
みそ汁
冷めてるし…
ハッ
そういえば…
なんか全体的に
いまいち…
ごっちゃり…
ほうれん草
まぁ、明日も
早いし…
私何も見てないー♪
お風呂入って
寝よっと!
しょうゆ

さて！
今日はここまで！何か質問は？
ヒロコ's
あのう…
晩ごはんをつくるのに2時間以上かかるんですが…
どうすれば…
2時間はかかりすぎね～
フフフ
先につくったものが冷めたりしなかった？
図星…
ワハハ
おいしいタイミングで食べるには
段取りよく！
調理前の準備として
必要なものは冷蔵庫から出しておく！
よし！
何度も冷蔵庫を開ける必要がなくなって省エネにもなるわ

うち、キッチンが狭いから材料を出すとジャマで…
わかる！
でさ、切った材料とかでさらに調理スペースが狭くなっていくのよね～
わあっ
ガタッ
材料の置き場所に困ったら、シンクを使うといいわよ
洗ったらそのまま置いておくの
なるほど！
切った材料はタッパーなどに入れて…
ふたをして重ねればすっきり！
すご～い！美しい!!

今晩から さっそく やりまーす
ありがと先生〜!!
私も!
がんばってね!
てことで…
段取りよく 料理すべく
材料を 出してみたが…
ごったごた
まずは ここを 片づけ ないと…
シンクはいつでも 清潔に!!
大前提よ
くー
ガシャ ガシャ
昨日の私の バカ〜!!

料理の段取り

温かいものは温かい状態で、冷たいものは冷たくして食卓に並べるのがベスト。うまくいく段取りをチェックしましょう。

73 同じ作業はまとめて行い、時間のかかる料理から調理する

① 冷蔵庫から材料をまとめて出す

レシピを見ながら、使う材料を冷蔵庫から取り出しておく。こうすれば調理中に、冷蔵庫を開ける手間が省け、調理も中断せずに済む。

ごはんを炊く場合は、米をといで炊飯器にセットしておき、料理ができあがるタイミングに合うようスイッチを入れる。

冷凍したものを使う場合は、使う時間までに解凍してね

② まとめてはかる

材料と調味料をまとめてはかっておくと、調理がスムーズにできる。使わない分の食材や調味料を元の場所へ戻せるので、調理スペースが広く使える。

合わせ調味料やたれがあれば、この段階でつくっておく。

③ まとめて切る

食材はできるだけまとめて切る。まな板が汚れにくい野菜→肉･魚の順で切ると、洗う手間が省ける。用が済んだまな板を片づけると、スペースがあいて調理しやすくなる。

野菜・肉・魚専用のプラスチックまな板を使い分けるのもおすすめ。切るごとに洗う手間を省けて便利。

切ったものは、料理ごとにまとめておくと調理しやすい

④ 時間のかかるものを先に調理

時間をかけて煮込むものや、下ごしらえに時間がかかるものから調理を始める。

サラダなど冷やした方がおいしいものは、先につくって冷蔵庫に入れておくとよい。

⑤ できたてがおいしいものを最後につくる

揚げ物や炒め物、パスタなど、できたてがおいしいものは最後につくる。サラダにドレッシングをかけるなど、調味すると水が出てしまうものは、食べる直前に仕上げをする。

パスタはゆでる湯を沸かすのに時間がかかるので、早めに沸かし始める。

効率よく調理するための工夫

手順や道具をひと工夫するだけで、スムーズに調理ができます。

74 調味料は小さい容器に入れるとはかるのがぐんとラクになる

小さな容器のものを購入するのもおすすめ

調味料を大きなボトルに入れたままはかると、重くて量の加減が難しい。片手でも軽々持てるくらいの大きさの容器に移し替えると、計量しやすくなる。

大さじや小さじの量をはかれる小型の計量カップは、置いたまま利用できる。調味料を両手で注げるので、はかりやすい。

75 計量は塩や砂糖から始め、油を最後にはかる

計量カップやスプーンを、使うたびに洗うのは面倒。道具を汚さない塩や砂糖→しょうゆ・酒・みりんなどの液体→油の順ではかるとよい。

76 玉ねぎ、しょうが、にんにくなど香りが強い野菜は最後に切る

野菜を切るたびにまな板を洗うのは、手間がかかる。水けのないもの→皮やワタなど捨てる部分があるもの→水けのあるものや香りが強いものの順で切ると、洗う回数を減らせる。

まな板が汚れた場合は、かたくしぼったぬれぶきんでサッと拭く。

キャベツ
きのこ類 など

じゃがいも・ピーマン
かぼちゃ など

たまねぎ・にんにく
ごぼう など

77 使い終わった道具はシンクへ置き、手が空いたら片づける

使い終わった調理道具を、シンクの隅にまとめて置くようにすれば、調理台が散らからず作業しやすい。食材を煮ている間など、手が空いたら洗うようにすると、片づけがラクになる。

手際よく片づけて、料理が終わるまでに、シンクに洗い物がなくなっているとベスト。

ふきんがたくさんあると、サクサク料理できる

ふきんは食器を拭くだけでなく、台所のちょっとした汚れを拭くのに便利。まな板の水けを拭き取るなどの調理用、コンロ周辺の油汚れを拭き取る掃除用、洗った皿を拭く食器用など、目的別に分けて使うとよい。

キッチンの収納

調理グッズは、よく使う場所の近くに収納するのが基本。使用頻度の高いものは、取り出しやすい場所に置きましょう。

78 火を使うものはコンロのそばに、水を使うものはシンクのそばに置く

「フライパンや鍋は火を使うから、コンロのそば」というように、調理グッズは使うシーンに合う場所に収納すると、使いやすさがアップ。

シンクのまわり

水の作業に使うものを収納する。

例 ざる、ボウル、洗剤、スポンジ、ゴミ袋、キッチン消耗品のストックなど

湿度が高い場所なので、水けを嫌う米や乾物類は置かない。

コンロのまわり

加熱調理に使うものを収納する。

例 フライパン、鍋、フライ返し、おたま、油、調味料など

火事にならないよう、紙や布製品は火の近くに置かない。

「フライパンは横に重ねるより、立てて収納する」など、取り出しやすい収納にするとさらに便利。

79 毎日使うものは手が届くゾーンに収納する

キッチンに立った時、手をのばして届く範囲が、ものを取り出しやすいゾーン。毎日の調理でよく使うものは、このゾーンに置く。使用頻度の低いものは、頭上や足元に収納を。

重いもの、落とすと危険なものは足元に。つり戸棚などの頭上に置くものは、取っ手付きの収納ケースに入れると取り出しやすい。

頭上に収納するもの

例 タッパー、トレー、キッチン関係のストック、レトルトや袋麺、ピクニックセット、お菓子づくりの道具、重箱 など

足元に収納するもの

例 土鍋、ホットプレート、たこ焼き器、カセットコンロ 、IH クッキングヒーターなどの薄型の家電 など

80 引き出しは１区切り１アイテムで使いやすく

引き出しの中は、細かなものでごちゃごちゃしがち。仕切りやトレーを使って区切り、１つの区画に１つのアイテムを入れるようにすると、必要なものがスッと取り出せる。

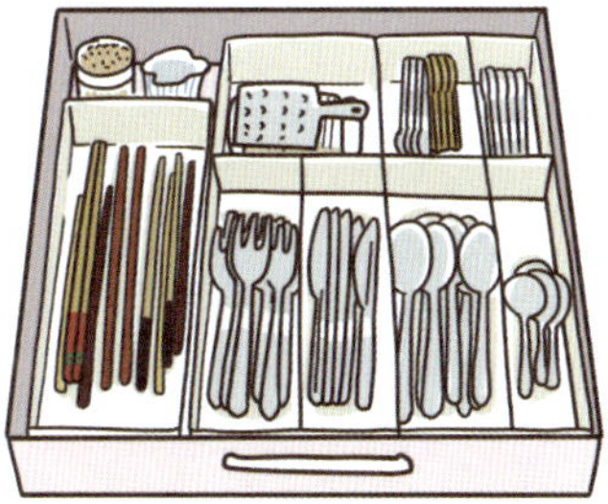

同じアイテムがいくつもある場合は、よく使うものだけを引き出しに。余分なものは処分するか、予備として押入れなどにしまう。

狭いキッチンを広く使うアイデア

使い方をひと工夫すれば、狭いキッチンでも快適に料理ができます。

81

壁に調理道具をつるして省スペースに！

ざるやフライ返し、おたまなど、調理に使う道具は、壁につるすと便利。ざるはシンクの近く、フライ返しやおたまはコンロのそばなど、使う場所の近くにつるせば、作業効率もアップ！

調理道具の色やデザインをそろえると、おしゃれな見せる収納になる。

レンジフードの溝にＳ字フックを
かけるだけで、簡単につるせる

82

小さなワゴンの上を調理台にする

シンクとコンロしかないキッチンには、まな板１枚がのるくらいのサイズのワゴンを導入。ワゴンの上を調理台にすると、スムーズに料理ができる。

シンクと同じ高さのワゴンだと、使いやすい。

食材を切る時は
ワゴンの足元を固定してね

83 三角コーナーや水切りかごをやめて、シンクを広く使う

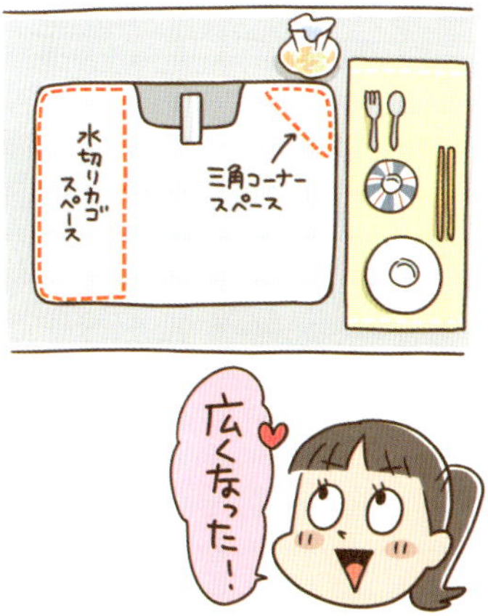

ものを減らして、スペースを広く！

調理中、ポリ袋にゴミをまとめれば、三角コーナーは使わなくても大丈夫。クロスを敷いて洗った食器を置けば、水切りかごも不要になる。

ふきんの消毒はボウルで代用できるので、洗いおけもなくて大丈夫。

折りたたみタイプを使うと省スペース

三角コーナーや水切りかご、洗いおけは、折りたためるタイプにするのもおすすめ。使わない時はたたんで片づけることができ、シンクを広く使える。

84 広いスペースが必要な作業はダイニングで

餃子に具を詰める、揚げ物の衣をつけるといった作業は、ダイニングテーブルなどの広いスペースでする方が効率よくできる。

材料や道具を運ぶ手間より、調理のしやすさを優先すると、ストレスなく料理ができる。

キッチンのお手入れ

食べるものを扱う場所だから、いつもきれいに！ 効率のよい食器の洗い方や、ゴミの処理方法をマスターしましょう。

85 ぬれた生ゴミは悪臭のもと！ ぬらさない工夫でにおいを防ぐ

生ゴミは、水にぬれると雑菌が増えやすく、悪臭がするので、ぬらさないのが鉄則。野菜の皮をむく時は、シンクに入らないようにゴミ袋の上でする。流しのゴミは水をしっかり切るなどの工夫を。

リサイクルするパックやトレー類は、洗って乾かしてから袋にまとめると、においを抑えられます。

洗った野菜は水けを拭くか、乾いてから皮をむいて

シンクを拭くことで、水道水に含まれるカルキが白くこびりつくのを防げる

86 シンクはスポンジでこすり、ふきんで水滴を拭く

ステンレスのシンクは、たわしやクレンザーでこすると表面に傷がつくので、中性洗剤か重曹をつけた掃除用のスポンジで汚れを落とす。最後にふきんやキッチンペーパーで、シンクについた水滴を拭く。

排水口はふたとゴミ受けに重曹をふりかけ、５分おいてからスポンジでこする。その後、水で洗い流せば清潔に。

87 使った食器はソースを落としてから洗う ガラスから洗い、最後に油っぽいものを

洗う前にゴムべらなどで、食器についたソースをぬぐい取ると、汚れを落としやすい。ガラス類から洗い、その後は油汚れが少ない→多い順に洗う。洗い終わったら水けをしっかり拭き、収納する。

使った食器は、油汚れのものとそうでないものに分けてからシンクに運ぶ。油汚れのものは、重ねると汚れものが増えるので注意。

ごはん粒や納豆がついた器は水を張ってふやかして

88 後片づけの最後に ふきんを洗う習慣をつける

ふきんはぬれた状態が続くと、雑菌が繁殖しやすくなる。晩ごはんの洗い物の最後に、除菌のできる洗剤でふきんを洗うようにすると、清潔に保てる。

週に一度は漂白するか、鍋に湯を沸かしてふきんを入れ、10分煮沸消毒すると、より清潔に。

ちょこちょこ拭きで、がんこな汚れを防止

調理中にコンロが汚れたら、ぬれぶきんですぐに拭き取る。調理が終わった時に、コンロ付近の壁を水拭きすると、がんこな油汚れを予防できる。

冷蔵庫の収納法

食品の詰め込みすぎはNG！ 何がどこにあるかをわかりやすくして、食品の使い忘れを防止。

ドアポケットは開閉の衝撃があるので、炭酸飲料や卵を置くのには向いていない
肉や魚はパーシャル室やチルド室で保存する

89 早く食べた方がいいものは、目につく中段の真ん中に

取り出しにくい上段には、長期保存できるもの、ドアを開けるたびに目に入る中段には、早めに食べたいものを入れる。取り出しやすい下段には、食べかけの食品や常備菜を。

冷気の吹き出し口は冷えやすいので、豆腐など水分の多い食材を置くと凍ることもある。

90 つくりおきおかずやおかずの残りは中身が見える密閉容器に入れる

つくりおきおかずなどを入れる容器は、透明のものがおすすめ。中身がすぐわかるので、使い忘れを予防できる。中身が見えない容器には、日付と中身を書いてラベリングするといい。

同じ形の密閉容器だと重ね置きしやすい

91 食品の用途や形状別にトレーにまとめると出し入れしやすい

冷蔵庫は奥行きがあり、奥に置いたものが見えづらく、使い忘れてしまうことも。朝食に使うもの、びん入りの調味料など、用途や形状別にトレーにまとめると取り出しやすく、使い忘れも防げる。

朝食に使うバターやジャム、佃煮は、トレーにまとめて冷蔵庫に入れ、使う時はトレーごと食卓へ。

92 冷蔵庫に入れるべき調味料とそうでないものを区別して収納する

最近の調味料は保存料を少量にする傾向があるので、傷まないように冷蔵庫で保存する方がいいものも。庫内をいっぱいにしないためにも、少ない容量のものを買うのがおすすめ。

冷蔵庫に入れた方がいいもの

例 しょうゆ、酢、ポン酢、めんつゆ、焼肉のたれ、ソース、みそ、マヨネーズ、ケチャップ、チューブ入りしょうがやわさび、パン粉 など

常温保存のもの

例 砂糖、塩、こしょう、みりん（みりん風調味料は冷蔵庫）、酒、サラダ油、ごま油、オリーブ油、小麦粉、だしの素、顆粒のスープの素 など

※例外もあるので、食品のパッケージに書いてある保存方法を確認する

野菜室の収納法

野菜は、大きさやかたさもさまざま。種類や特徴に応じて分け、それぞれに適した収納を。鮮度を保つ工夫もして、傷まないように。

93

やわらかいものは上へ、かたいものは下へ

野菜が傷まないように、重さやかたさで分けて入れるのがポイント。トマトやきのこ類など、軽くてやわらかいものは上、かぼちゃやにんじんなど、重くてかたいものは下に置くようにする。

使いかけの野菜は、目につきやすい上段の手前に入れると、使い忘れ防止に。

上段

- 小さな野菜
- 重ねると傷みやすい野菜や果物
- 使いかけの野菜 など

下段

- 大きな野菜
- 葉物野菜（手前に立てて入れる）
- かたい野菜 など

94

野菜室に入れなくてもいいものは風通しのよい冷暗所で保管する

室内で保管する時は袋から出し、通気性のいいかごなどに入れてね

じゃがいもやさつまいも、玉ねぎなどは野菜室に入れず、室内の涼しい場所で保管を。ナスやきゅうりなどの夏野菜は適温が 10℃なので、冬場は暖房のきかない室内に置いても OK。冬場以外は野菜室に。

バナナやキウイなどを室内で保管すると、追熟してさらに甘さが増す。

95 冷蔵庫に入れる前のひと工夫で鮮度が保てる

買ってきた野菜をそのまま冷蔵庫に入れるのではなく、白菜は新聞紙に包む、大根は根と葉を切り離すなど、野菜の特徴に合った方法で保存すると、鮮度とおいしさが保てる。

新聞紙に包んで保存

白菜（カットしたものはラップで包む）、ごぼう、長ねぎ など

根と葉を切り離してから保存

大根、かぶ

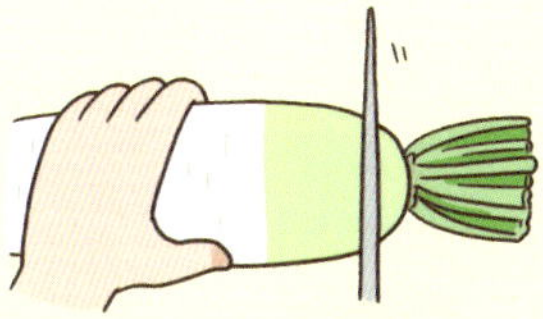

葉がついたままだと、栄養とおいしさが落ちる

芯をくり抜く

キャベツ、レタス

レタスは包丁が当たると変色するので、手で芯をくり抜く

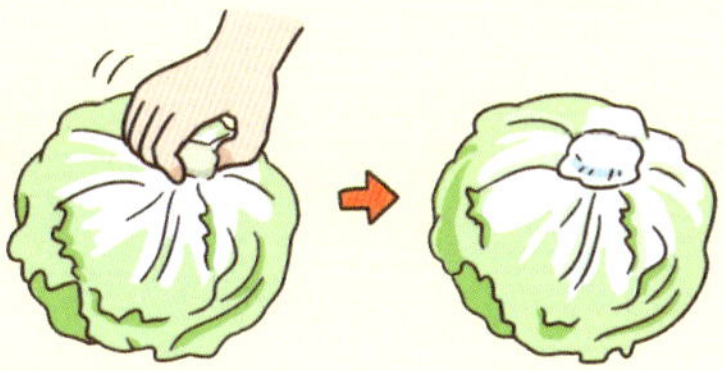

くり抜いた後、ぬらしたキッチンペーパーを詰める

96 紙袋を使うと野菜室が汚れない

買い物でもらった紙袋に野菜を収納すると、野菜室が汚れない。紙袋も新聞紙同様に湿気を吸収してくれるので、野菜が長持ちする効果も。

紙袋の持ち手をはさみで切って、野菜室の高さに合わせて内側に折る

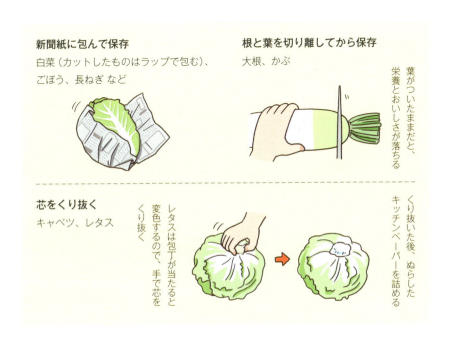

おいしさを逃さない冷凍のコツ

買った時のトレーのまま冷凍すると、味が落ちてしまいます。おいしさをキープする保存法と、使い忘れを防止する収納を心がけて。

97 食材が新鮮なうちに、小分けして保存 バットに置いて急速冷凍する

冷凍する時は、一度に使い切れる分量に分けてラップで包み、冷凍用の保存袋に。できるだけ早く凍らせた方がおいしさを保てるので、熱伝導率のよい金属製のバットにのせて凍らせる。

日にちが経ったものを冷凍しても、鮮度はよみがえらない。買ったらすぐに冷凍するのがポイント。

ポイント
- 新鮮なうちに冷凍する
- 空気に触れないようにする
- バットにのせて、急速冷凍する

おいしく食べる解凍方法

冷凍保存したものをおいしく食べるには、上手に解凍するのが大事。

冷蔵室で解凍
低温でゆっくり解凍するので、味が落ちるのを防ぐことができる。

室温で解凍
調理済みのおかずやソースなどは、日の当たらない場所に置いておくと、3～4時間で解凍する。

電子レンジで解凍
すぐに使いたい時に便利。加熱しすぎないよう、時間を短めにセットして、様子を見ながら解凍する。

流水で解凍
生ものを急いで解凍したい時は、ボウルに冷凍保存袋を入れ、流水を当てながら解凍を。電子レンジで解凍するより失敗がなく、おいしさもキープできる。

98 冷凍ストックをムダなく使うには中身がわかる収納をする

使いたいものを探すのに時間がかかると、冷気が逃げて劣化の原因に。冷凍室は「食材を冷凍したもの」「調理済みのもの」など、グループ分けして入れ、すぐ探せるように。

クリップでラベリングしてわかりやすく
奥に未開封の冷凍食品、手前に開封済みのものを
北海道
ミルクバー
vanilla
メンチ
袋は立てて収納する。早く使い切りたいものは、中央の目立つところへ

保存袋には、日付と中身をメモして、早く使った方がいいものを手前に置く。

みそ汁に使う時は
沸騰した湯にそのまま入れてね
冷凍しじみ

99 きのこやしじみは、冷凍するとおいしくなる

冷凍することでおいしさや栄養がアップする食材もある。しじみは冷凍すると、疲労回復に役立つオルチニンが8倍に！ きのこ類は冷凍すると、うまみがアップする。

しじみは、ゆっくり冷凍した方がうまみがアップする。砂出ししたものを冷凍保存袋に入れ、さらに新聞紙で包んでから冷凍室に入れるのがおすすめ。

お先に失礼します
お迎えの時間で…
おつかれさまです〜
おつかれ〜
サヨさん…仕事も家事もこなしてて憧れるな〜
忙しそうだけど…
そう、働くママは忙しいのです
byサヨ
ママ〜
おまたせ〜
おひさま
ほいくえ
よし帰るよ
会社帰りに保育園まで息子を迎えに行き
帰宅したらすぐ夕食の準備
ガサゴソ
ザクザク
おなかすいた〜
ちょっと待って〜
ただいま〜
ハラへった〜
ユキオ
サラリーマンの夫。
マイペースな性格
おかえり〜ごはん、すぐできるから
夫の帰宅に合わせて調理完了!
おまたせ〜
ドン

ボソ…
また鍋かぁ…
ぐつ
ぐつ
あ…
味は変えてるわよ!?
おとといはちゃんこ鍋
きのうはトマト鍋
今日はカレー鍋!!
ね!!
まぁそうだけど
ぼくカレーすき~
文句あるならあなたがつくってよ
サヨ~お風呂出たよ
スス…
ん?
家族がよろこぶ!レシピ50
サヨも疲れてるよな…

翌日
あれ？今日はコンビニ？
めずらしいネ
ピロリン
ちょっと忙しくて…
ん？
妻からだ
帰りに牛乳買ってこいって
あら！
部長のお宅って共働きですよね？
妻・かなえ
ん？そうだけど
晩ごはんってどうしてます？
え？
実は昨日…
ナルホドね
うちは家族で献立表をつくってるよ
3月のこんだて
木 金 土 日
シチュー
ホイコーロー
肉じゃが
サバのみそ煮
カレー
親子丼
オムライス
五目焼きソバ
ロールキャベツ
私はオムライス
シチューがいい！
カレーがいいな
OK！

献立をつくっておくと時短＆節約になるんだよ
メニューに悩まない！
買い物もサクッと！
食材のムダが出ない！
今日はしょうが焼きだから
豚とキャベツを買いましょ
せん切りに
ポトフに
すご〜い！私もやってみようかな
その夜
何してるの？
夜の献立をつくってるの
リクエストあれば言ってね
ぼくハンバーグ!!
…
ハンバーグね！OK〜
あとカレー!!
じゃあ、金曜は空欄にして外食の日にしようか
サヨの休日ってことで…
わ！嬉しい
明日からずいぶんラクになりそう！
明日はなにー？
日曜日みんなで買い物行くか！

献立の立て方

献立は毎日考えるより、あらかじめ1週間分を決めておくのがおすすめ。計画的に買い物ができ、効率よくつくることができます。

100 一汁二菜 or 一汁三菜が献立の基本 まずは主菜から決める

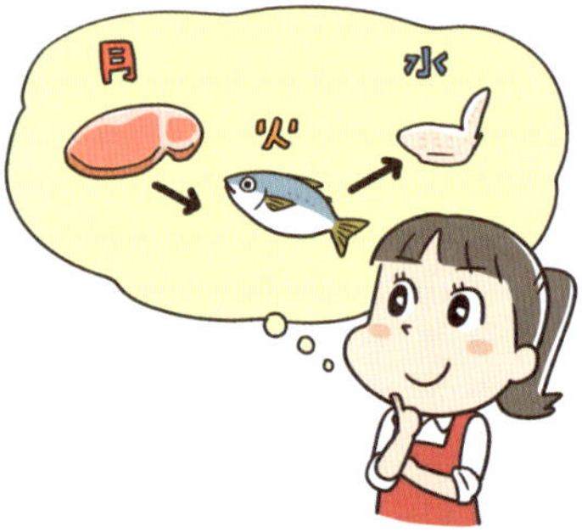

ごはんなどの穀物をとる主食、肉や魚のタンパク質をとる主菜、野菜や海藻がメインの副菜を組み合わせると、栄養バランスがとれます。最初に主菜を肉か魚かに決め、メニューを考えるとラク。

副菜や主食は主菜に合わせて考え、材料や料理法（焼く・揚げる・煮るなど）がかたよらないようにする。

101 副菜は主菜に合わせて さっぱり or こってりの味付けに

副菜は野菜を中心につくる。主菜がハンバーグなどのこってりした洋風なら、さっぱりしたサラダ。主菜が刺身などのさっぱりした和食なら、煮物や揚げ物などこってりしたものを選ぶ。

汁ものは和食にはみそ汁、洋風・中華にはスープを。具は主菜や副菜と重ならない素材を選ぶ。

おかずが洋風でも
主食はごはんにしてOK

102 家族のリクエストも取り入れるとみんなが喜ぶ献立になる

家族に食べたいものを聞き、献立の一部に取り入れると、食事の満足度が上がります。

夫や子どもは、手の込んだ料理よりもシンプルなから揚げが好きだったりするので、つくるのもラクに。

給食の献立表があれば、ダブらないようにチェックを

103 時間も手間もかからないお助け料理を取り入れる

切るだけ、あえるだけでできるレシピを増やして

凝った料理をいつもつくるのは大変。忙しい日やへとへとな日でもサッサッとつくれる、手間のかからないおかずを覚えておくと便利です。

火を使わずにできるおかず

- 豆腐に刻んだキムチをトッピング
- きゅうりをたたいて、ごま油と塩をあえる
- トマトを薄切りにして、塩とオリーブ油をかける
- 長いもを切り、塩昆布とあえる など

焼くだけでできるおかず

- 焼き魚
- 豚肉を焼肉のたれで焼く
- ナスを焼いてめんつゆに浸す
- ししとうをごま油で炒めて、しょうゆを回しかける
- 厚揚げを焼いて、しょうがとねぎをトッピングする など

料理がぐんとラクになる、下ごしらえの時短テクニック

料理の中でも面倒なのが、食材を洗う・切る・ゆでるなどの下ごしらえ。下ごしらえをラクにするテクニックで、手間を省いて。

104 切ってあるものや下処理がラクな食材を選ぶ

カットしてある鶏肉を買えば、切る手間と時間が省け、まな板や包丁を洗う回数も減らせる。カットせずに使える手羽先もおすすめ。

カット野菜もすぐ使えて便利。切る手間がないベビーリーフは、レタスの代わりに使える。

105 野菜は使わない分もまとめてカットして「洗う」「切る」の手間を省く

週末など、時間のある時にまとめて切るのもＯＫ

野菜を切る時、その日は使わない分もまとめて切っておくのがおすすめ。調理のたびに洗う、切るの手間が省けて、時短につながる。

保存袋の空気をしっかり抜けば、冷蔵庫で４～５日保存できる。

106 時間がかかる下ゆでは電子レンジで時短！

電子レンジは、お湯を沸かすまで時間がかかる野菜の下ゆでや、食材の下ごしらえに使える。ゆでると水に栄養が流れ出てしまう食材も、レンジなら栄養を損なわずにすぐ熱を通せる。

600Wの電子レンジの場合、加熱時間の目安は、食材100gあたり1分20秒～2分30秒。

じゃがいも

皮つきの状態で洗い、ぬれたまま1個ずつラップに包んで加熱。じゃがいも1個（150g）で3分が目安。

ほうれん草

根元に十字の切り込みを入れて洗う。半分に切り、ぬれた状態で根元と葉が交互になるようにラップで包んで加熱。ほうれん草1束（200g）で2分が目安。

豆腐の水切り

豆腐をキッチンペーパー2枚で包んで耐熱皿にのせ、ラップなしで加熱。豆腐1丁（300g）で2～3分が目安。あら熱が取れたら、出てきた水を捨てる。

107 手間のかかるおかずは、多めにつくって冷凍保存

ハンバーグはお弁当用に小さいサイズもつくると便利！

ハンバーグや餃子は、時間がある時にまとめてつくると便利。ハンバーグは焼いてから1個ずつラップで包み、冷凍用保存袋に。餃子は焼く前の状態で5～6個ずつラップで包み、冷凍用保存袋へ。凍ったままで調理してOK。

生の野菜や豆腐、こんにゃくを使ったおかずは、冷凍すると食感が変わるので、冷凍には不向き。

調理家電をフル活用して ラクラク時短クッキング

コンロで煮物や炒め物をつくりながら、魚焼きグリルやトースターでもう1品！ いつもと違う使い方で、調理の時間を短縮しましょう。

108 直火だからおいしく焼ける 魚焼きグリルをフル活用

アルミカップに入れて焼けば、そのままお弁当に入れられる。網が汚れないのもいい

グリルは魚だけでなく、肉や野菜を焼くのにも向いている。直火で焼くので短時間で火が通り、うまみを逃さず、ジューシーな仕上がりに。肉は余分な脂が落ち、ヘルシーにもなる。

肉も野菜もそのまま焼いて、焼肉のたれをつけるだけで十分おいしい。下味をつけてから焼いてもOK。

109 トースターはオーブンより手軽に使える 後片づけもラク

トースターも、魚焼きグリルと同じように焼き物が得意。厚揚げを焼いたり、耐熱容器に具を入れてマヨネーズとチーズをトッピングして焼けば、グラタンが簡単にできる。

コロッケや天ぷらなど、揚げ物の温め直しにも使える。レンジを使うよりカリッと仕上がり、おいしい。

トーストと一緒に
ベーコンエッグも完成！

110 少量加熱が得意な電子レンジで欲しい分だけサクッと調理

少しの量でも手軽に加熱できるのが、電子レンジの特徴。コンロで温泉卵を１個だけつくるのは、時間や光熱費がムダに感じられるけれど、電子レンジでなら１分もかからずに１個からつくれて便利。

常温に戻した卵１個（Lサイズ・60g）を湯のみに割り入れ、竹串で卵黄を２カ所刺す。水を大さじ２加え、ラップをして40秒加熱すれば温泉卵に。水はすぐに捨てる。

きゅうりの即席漬け

ひと口大に切ったきゅうり１本に塩小さじ 1/4 をふって軽くもみ、耐熱容器に入れてラップをかけ、30 秒加熱。これだけで、しっかり漬けたような味に。

さつまいものレモン煮

さつまいも 80g をひと口大に切り、耐熱容器に入れてレモン汁小さじ１、砂糖大さじ１、塩少々を加えて混ぜる。ラップをし、レンジで２分加熱する。

111 炊飯器で煮込み料理をつくると圧力鍋を使ったような仕上がりに

チキンのトマト煮やミネストローネなど、じっくり煮込む料理を炊飯器で。コンロでつくるのと同じ材料を炊飯器に入れて、通常通りに炊飯するだけ。圧力鍋を使ったような仕上がりに。

アルミホイルで包んだ卵を米と一緒に炊くと、ごはんと一緒にゆで卵ができる。

つくりおきおかずを長持ちさせるポイント

忙しい日の食卓をサポートしてくれる、つくりおきおかず。冷蔵庫での保存期間は通常２～３日。おいしさをキープするコツを押さえて。

112 保存容器はいつも清潔に 隅まで洗い、しっかり乾かす

おかずが傷まないよう、ふたがしっかり閉まるものを選ぶ。耐熱ガラスのものは、汚れが落ちやすく、中身が見えるのが魅力。耐熱プラスチック素材は手頃だが、汚れがたまりやすいのが欠点。

ホーロー素材は汚れ落ちはいいが、電子レンジで使うことができず、中身が見えないのが不便。

隅は汚れが落ちにくいので しっかり洗おう

消毒用アルコールを使うのもおすすめ

113 おかずは冷めてから容器に移す 汁が多いおかずは、汁けを切って

おかずが熱いまま冷蔵庫に入れると、ほかの食品を傷める原因に。おかずはしっかり冷めてから冷蔵庫に。また、水分が多いと傷みやすいので、汁けを切ってから容器に移す。

温かいうちにふたをすると冷めにくく、ふたに水滴がついて不衛生に。冷めてからふたをする。

114

日持ちしないものから食べ、ラベリングで在庫管理しやすく！

水分の多い葉物野菜の炒め物など、日持ちせず冷凍に向かないものから食べる。水分が少ない煮物や冷凍できるものは、比較的長持ちするので、後から食べてもOK。

つくった日と品名を容器にラベリングすると、食べ忘れを予防できる。

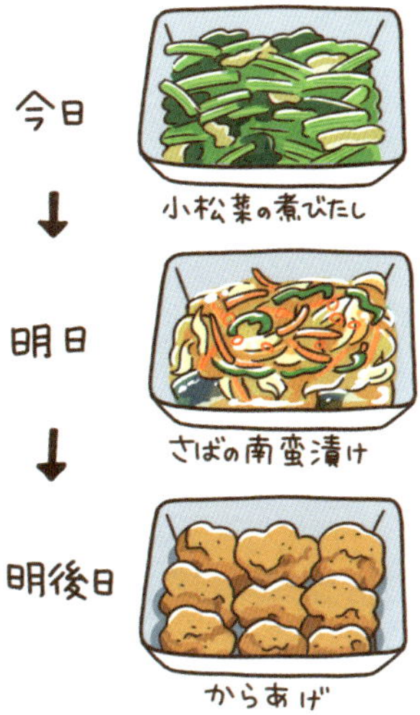
今日
小松菜の煮びたし
明日
さばの南蛮漬け
明後日
からあげ

point

マスキングテープで簡単にラベリング！

ラベルにはマスキングテープがおすすめ。テープに日付と品名を書き込んだら、カットして容器に貼るだけ。簡単にラベルがつくれて、はがすのもラク。油性ペンを使うと書きやすい。

115

保存容器から取り出す時は、清潔な箸を使う

食べる分だけ！

つくりおきしたおかずをお皿に盛る時は、清潔な箸を使って、雑菌が入らないように。何日かに分けて食べるものは、最初から小分けして保存しておくと便利。

直箸で取り分けると、雑菌が繁殖しやすくなり、おかずが傷む原因になるので避けて。

朝5分の下準備で晩ごはんづくりに余裕が生まれる

短時間でできる、晩ごはんの下準備。自分に合った方法で準備しておけば、晩ごはんづくりがぐんとラクに！

116 朝のうちに、晩ごはんの材料をトレーにまとめておく

トレーを用意し、晩ごはんに使う食材をまとめておく。解凍するものがあれば、冷蔵庫で自然解凍。こうすれば足りないものがあった時、日中に買い足したり、メニューの変更ができる。

晩ごはんのメニューも決まるので、帰宅後すぐに調理でき、スピーディーに。

117 乾物と水をポットに入れて冷蔵庫でだしをとる

昆布や煮干しを水に浸してとる「水だし」を、朝のうちにセット。水1ℓに対して、材料20gが目安。水と材料をポットに入れて、冷蔵庫に入れておくだけで、簡単に上質なだしがとれる。

材料をお茶パックに入れて水に浸せば、細かいカスも出ない

昆布、煮干し、かつお節が水だしに向いている。単体でも組み合わせてもOK。

118

肉や魚に下味をつける、ホイルに包むなど、後は焼くだけの状態に

肉や魚を調味液に漬ける、ホイルにきのことバターを包む、野菜に肉を巻くなど、焼く直前までの調理をしておくと、晩ごはんづくりがぐんとラクになる。

豚肉のみそ漬け

豚ロース２枚を、みそ大さじ３、みりん大さじ１、砂糖小さじ１を合わせたみそだれに漬ける。焦げないよう、たれを軽くぬぐってから焼く。

きのこのホイル焼き

アルミホイルを２枚重ねて、小房にほぐした好みのきのこ100g、バター10g、塩・こしょう少々を包む。オーブントースターで７～８分焼く。焼き上がったら、しょうゆをかける。

119

10分あれば晩ごはんのおかずを１品つくっておく

サラダやナムルなど、冷たくてもOKのおかずをつくって冷蔵庫へ。また、煮物やポトフをつくるのもおすすめ。夜に温めるだけで、すぐに食べられる。

余熱で火が通るから、
じっくり煮込む必要なし！
コト
コト

朝、煮物をつくっておけば、夜までに味が染み込み、さらにおいしくなる。

chapter

4

盛りつけ

料理は見た目も大事！

盛りつけ方やお皿の選び方で

同じ料理でも見映えに差が出ます。

おいしく盛ったらSNSにアップしよう！

今日はチキンナゲットをつくる！
タネは昨日しこんでおいた
小判型にしたタネを両面揚げ焼きにして…
じゅ〜〜
つけ合わせのブロッコリーはレンジで…
今のうちにスープもつくろう！
完成〜
20分でこんなに！
もぐ…
うん、おいしい！
これならナオキさんに食べてもらってもいいレベルだわ
ムフフ…
残りは明日のお弁当にしよ〜
翌日
ああ〜!!
バサ〜
どうしたの!?
お弁当が〜
寄りっ…

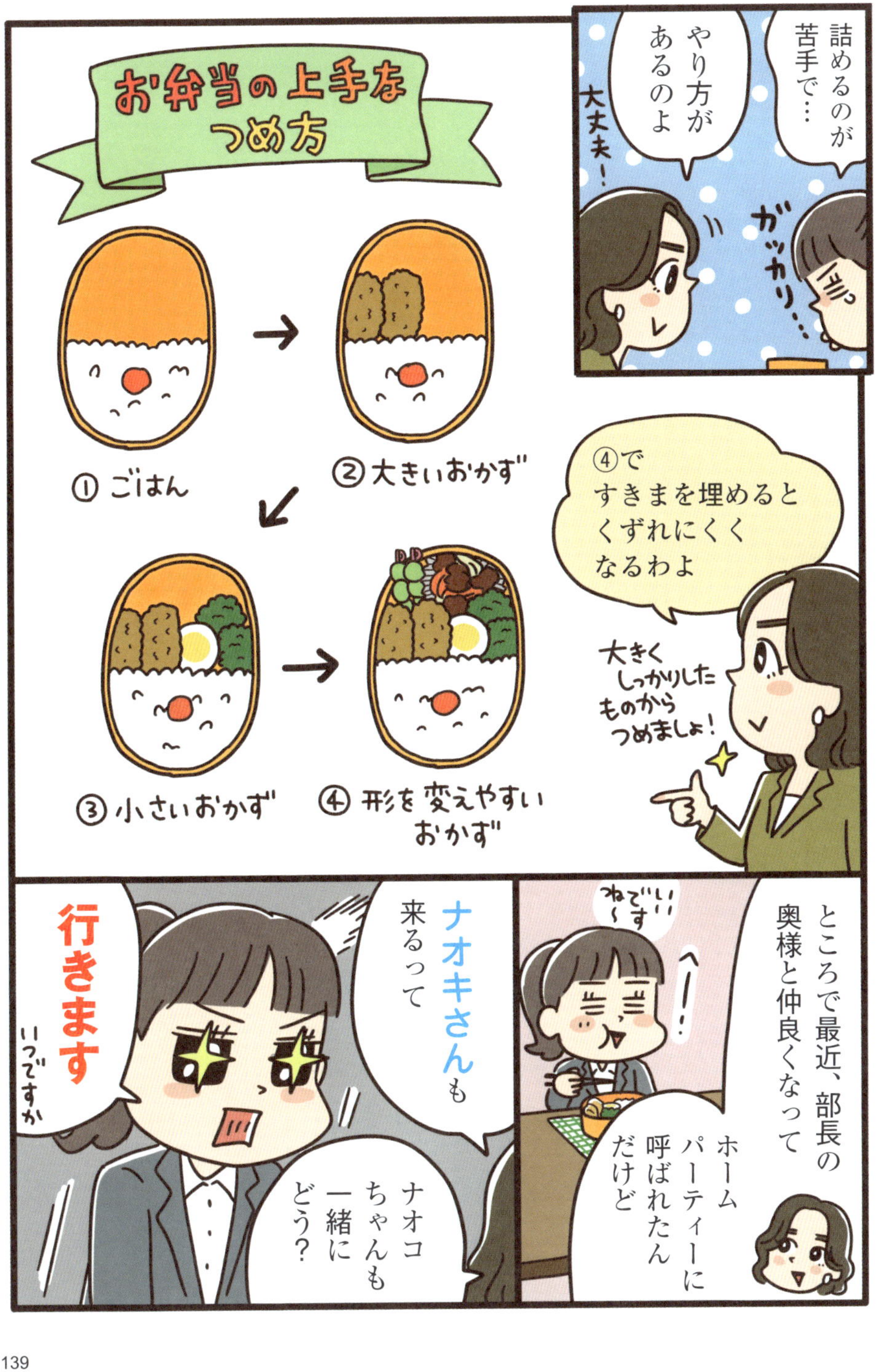
詰めるのが苦手で…
やり方があるのよ
大丈夫！
ガッカリ…
お弁当の上手なつめ方
① ごはん
② 大きいおかず
③ 小さいおかず
④ 形を変えやすいおかず
④ですきまを埋めるとくずれにくくなるわよ
大きくしっかりしたものからつめましょ！
ところで最近、部長の奥様と仲良くなって
ホームパーティーに呼ばれたんだけど
へー！
いいですね〜
ナオキさんも来るって
ナオコちゃんも一緒にどう？
行きます
いつですか

ちなみに
1人1品ずつ
持ち寄りよ
私はローストビーフを作っていく予定
え〜〜っ！
わ、私
どうしよう…
パクッ
このナゲット
いいんじゃない？
おいしい♪
アッ
そして
こんにちは〜
おじゃましま〜す
おっ
来た 来た
いらっしゃい！
今、料理を並べているところだよ
2人とも手伝って〜
あの…
サヨさん
やっぱり地味じゃないですかね…
ナゲットって…
そ、そんなことは…
あら!!
ナゲットはカップに入れましょうか
おいしそ〜
わ！盛りつけで急にかわいくなった！
さすが奥様!!

ずら〜〜っ
おいしそ〜
盛りつけ方研究しよう
スミマセンー!
遅くなりました
カシャー
わ、うまそ〜
さ、食べて食べて〜
ナオキさん!!
ナオコちゃんのおいしいよ
たべる?
じゃ、1つもらおうかな
ドキーン
ホントだ!おいしい!
ね〜
料理上手なんですね〜
あっありがとうございますぅぅぅぅぅぅぅ
ナイス!!

配膳と盛りつけのきほん

料理は見た目も大事。「おいしく食べてもらいたい」という気持ちを伝えるために、配膳と盛りつけの基本を覚えましょう。

120 左にごはん、右に汁ものをベースに食べやすく配膳する

配膳は、食べやすさや所作の美しさを考えて決められている。まずは手前左にごはん、手前右に汁ものを。そして右奥に主菜、左奥に副菜を置く。もう一品副菜がある場合は、中奥へ。

主菜と副菜の位置は、作法の流派によって違う場合がある。

121 ごはんは茶碗の7～8分目までにマンガのような山盛りはNG

ごはんは数回に分けて、茶碗の7～8分目までを目安にふんわりとよそう。山盛りにすると、「お供え物」のようになってしまうので注意。茶碗のふちについたごはん粒は、取り除く。

茶碗のふちに、しゃもじをこすりつけるようにしてよそうのはNG。

しゃもじを水でぬらしておくと、ごはんがつかず、よそいやすい

122 肉料理は、お皿の中心より手前に置く お頭つきの魚は、頭を左に

ハンバーグやから揚げなど、メインの肉料理はお皿の中心より手前に盛る。一尾魚は「頭が左、腹が手前」、切り身魚は「背が上、幅広が左」が基本。

つけ合わせは、肉料理は奥、魚料理は右手前か横に添える。

中華料理の大皿は、円を意識して盛る

大皿に盛って取り分けることが多い中華料理。どの角度から見てもきれいに見えるように円を意識し、皿一面に盛りつけるようにするとよい。

123 具だくさんの汁ものは、器に具を入れてから汁を注ぐ

仕上げに、ねぎや七味などの香りのものを散らすと美味

豚汁など、具がたくさんある汁ものは、先に具を入れてから、汁を注ぐときれいに。汁の量よりも具を多めにし、具が見えるように整える。

はねないよう、汁は２～３回に分けて注ぐ。椀の７～８分目までを目安に。

124

同じ形のものは、俵のように積み上げる

卵焼きなど、形が同じで安定して積み重ねられる料理は、俵を盛るように重ね、三角形に見えるように盛りつける。器に対してななめに置くなど、変化をつけるときれい。

和食では「俵盛り」といい、昆布巻きやだし巻き卵などによく使われる。

125

煮物は深さのある器に盛りつけ、立体感を出す

料理はこんもりと、山のように盛りつけると、おいしそうな印象に。煮物はいも類で土台をつくってから、具を盛り足していくと安定する。具はバランスよく見えるよう、箸で調整しながら添える。

煮汁は底に少したまるくらいにすると、上品に見える。

126

刺身は ツマを土台にして 「流し盛り」にする

刺身は、大根のツマをひとまとめにし、大葉をのせ、そこに刺身を立てかけるように置く。中央に主役になる刺身を盛りつけ、そのほかは彩りを考えて並べる。切り身は少しずつずらすと、身がきれいに見える。

つまがポイント！

刺身を盛りつける時は、奥行きが出るよう、種類ごとに位置を少しずらして盛りつける

同じ形・大きさにそろえたものをずらして並べ、平面を見せる盛り方を「流し盛り」という。

127

パスタはトングを使って山高に！ お皿の余白も美しさのポイント

ぎっしり盛りつけず、
お皿に余白をつくると
おしゃれな雰囲気に

パスタはトングで少量持ち上げて、皿の中央にねじりながら盛る。数回に分けて山高に盛ったら、具とソースをかける。仕上げにパセリやバジルをのせると、彩りがよい。

パスタの先端が見えないように盛りつけると、きれいな仕上がりに。

インスタ映えする器の選び方

器やトレーを変えるだけで、料理の見映えがアップ！ 簡単にセンスアップできるテクニックを取り入れて。

128 茶色の料理は、白よりダークカラーの皿にのせる

パセリやレモン、プチトマトなどを添えれば、さらにきれい！

シンプルな白い皿は使い勝手がいいけれど、色数が少ない料理だと単調になってしまう。ダークカラーの皿を使うと、単色の料理でも見映えがよくなる。おすすめは濃紺、あめ色、深緑など。

ダークカラーの皿と同系色の料理を盛れば、落ち着いた雰囲気に。鮮やかな料理を盛れば、食材の色がより映える。

129 リムに特徴があると、料理が華やかに見える

絵柄や花びらのような形など、皿のリム（ふちの部分）に個性があると、料理がぐんと華やかに見える。柄を活かしたい時は、形や色のシンプルな料理をのせるのがおすすめ。

淡色の柄なら、柄の色と食材の色を合わせると統一感が生まれる。

130 ワックスペーパーやクロスを使ってセンスアップ！

盛りつけがさみしく感じたら、華やかなお役立ちアイテムをプラス。100円ショップなどで売っているワックスペーパーを下に敷いたり、クロスを器とコーデすると、写真映りがよくなる。

クロスはストライプやチェック柄、ワックスペーパーは英字新聞風のものが使いやすい。

131 木製のトレーにのせるだけで、食事やおやつがカフェ風に！

温もりを感じる木製のトレーは、器をのせるだけでセット感が出て、カフェの雰囲気に。持ち運びも便利で、和洋どの料理にも合うのが魅力。

食事に使うだけでなく、インテリア雑貨を並べるディスプレイ用としても活用できる。

開けるのが楽しくなる お弁当の詰め方

おかずの色や入れ方を工夫すれば、おいしくて見映えのするお弁当に。お昼が待ち遠しくなるお弁当をつくりましょう。

132 「赤・黄・緑」の3色を詰めれば、見映えのするお弁当に

色とりどりのお弁当は、華やかで食欲をそそる。割合は気にせずに、赤・黄・緑の3色を入れるだけでOK。彩りをよくすると、栄養的にもバランスがとれたお弁当に。

同じ色が並ばないように配置するときれい

赤の食材…トマト、にんじん、鮭、プチトマト、赤パプリカ、梅干し など
緑の食材…ブロッコリー、ほうれん草、オクラ、ピーマン、グリーンピース など
黄の食材…卵、かぼちゃ、さつまいも、黄パプリカ、コーン、チーズ、レモン など

133 汁もれは傷む原因に！ 汁けをよく切ってからお弁当箱に詰める

キッチンペーパーでおかずの水分を拭き取ってからお弁当箱へ

汁もれは味が混ざるだけでなく、食品が傷む原因に。煮物や炒め物は、しっかり煮からめる、漬物はぎゅっとしぼってから入れる、洗った野菜はキッチンペーパーで水分を拭き取ってから入れるなどの工夫を。

温かい状態でふたをすると、湯気が水分になって食材を傷めるので、必ず冷ます。

134 お弁当箱の形に合わせて、おかずの詰め方を変える

長方形のお弁当箱は、食材を角までしっかり詰めるとくずれにくい。丸型は、お弁当のカーブに立てかけるように盛りつける。二段弁当のおかずは、同じものを一列に並べるだけできれいに見える。

ごはんとおかずの境い目では、ごはんを少しななめに盛る。ごはんの坂におかずを立てかければ、うまく詰められる。

135 ワックスペーパーを活用してお弁当をおしゃれに

ワックスペーパーはパラフィン紙とも呼ばれ、水にも油にも強い。おかずの仕切りやカップ代わりに使ったり、サンドイッチやおにぎりを包んだりと、いろいろな使い方ができ、見た目もきれい。

いろんなデザインのものをそろえて、メニューや気分に合わせて選ぶのも楽しい。

包む
おにぎりやサンドイッチを包む。おにぎりをキャンディのように包むとかわいい。

仕切りにする
長方形に切ってバランのように使うと、お弁当のアクセントになる。

お弁当のシートにする
曲げわっぱや竹かごのお弁当箱などの底に敷き、その上におかずを詰めれば汚れ防止に。

さて…
うまくできるかな…
ぐっ
っと…
きれいに巻けた〜!!
大成功!!
断面もバッチリ!インスタにのせよ〜
最近いいねが増えてきたのよね〜♪
太巻きを作りました! 今日はこれからお花見です♥
味も…
もぐ…
うん、おいしい!
これなら人に食べてもらえる!
思えば私も成長したものだわ…
最初につくったハンバーグ…
ナオキさんに食べさせなくて本当によかった…
テキトー&自己流だった私の料理が
ハハ…

キッチンの法則を知ってからは
はじめてのレシピもおいしくつくれるようになった!
レパートリーもひろがった♪
たまに失敗することもあるけど…
ハハハ
これじゃせん切りじゃなく細切りだわ
つながってるし…
あっ、もう行かなくちゃ
私、もっともっと
こっち
こっちー
料理上手になりたい!
食べて下さいっ
わ、スゲー!!
おいしそ~!!
お…
だって「おいしい」は人を幸せにするから

レシピ用語集

レシピには意味がわからない言葉が出てくることもあります。ここでは、よく使われる料理用語をまとめて解説。レシピを確認している時にわからない言葉が出てきたら、チェックしましょう。

あ行

あえ衣

あえ物をつくる時に、食材に混ぜ合わせる調味料のことで、からまるくらいの濃度があるものを指す。みそ・しょうゆ・酢などの調味料のほか、ごま・梅肉・豆腐・大根おろしなど、いろいろな材料を混ぜ合わせてつくる。酢みそ・ごまみそ・梅肉酢などがある。

アク

肉や魚、野菜に含まれる渋みや苦み、えぐみなどの不快なにおいや成分のこと。食材をゆでたり、水にさらすなどして取り除く。肉や魚のアクは、煮ると表面に泡として出てくるので、おたまなどですくって取る。野菜のアクは、主に水にさらして取る。

味をととのえる

料理の仕上げに、調味料を入れて味を調整すること。自分の舌で確かめながら、少量ずつ加えるとよい。

油がまわる

炒め物などで、材料全体に油がなじみ、つやが出た状態になること。材料の表面が油の膜でおおわれるので、材料から水分が出にくくなり、仕上がりが水っぽくならない。

油抜き

油揚げなど、油で揚げてある食材に熱湯をかけたり、湯通しをして表面の油を取ること。油の臭みが取れ、味も含みやすくなる。

油を熱する

鍋やフライパンに油を入れて、温めること。鍋やフライパンに手をかざして、温かさを感じるまで熱する。

あら熱を取る

加熱調理した食材を冷ますこと。鍋に入ったものは、鍋を手で触れるくらいまで冷ますのが目安。食材を手で触って成形したい時や、冷たい食材と合わせたい時などに行う。

アルデンテ

パスタのゆで加減を表す言葉。歯ごたえのある状態にゆでることで、パスタの中央に少し芯が残るくらいが目安。

合わせ酢

酢に調味料を混ぜ合わせたもの。二杯酢、三杯酢、甘酢などがある。主に酢の物に用いられる。

合わせ調味料

いくつかの調味料を混ぜ合わせたもの。あらかじめつくっておき、調理の途中で加える。

石づき

しめじやしいたけなど、きのこ類の軸の先の部分。かたくて汚れがついているので、切り落として使う。

板ずり

きゅうりやオクラなどをまな板の上に置き、塩をまぶして両手で前後に転がすこと。表面をなめらかにする、色を鮮やかにするなどの効果がある。

炒る

材料に水分や油分を加えずに、かき混ぜながら加熱する調理法。食材の水分を飛ばしたり、カリッとした食感にするために行う。

色どめする

青菜などをゆでた後、冷水にとって一気に冷やすこと。急激に冷やすことで、余熱で食材の色が悪くなるのを防ぐ。

裏ごしする

こし器で食材をつぶしながら、キメ細かく、なめらかにする。

落としぶた

煮物をつくる時に使うふたで、材料の上に直接のせる。ふたの下で煮汁が対流し、味が全体にゆきわたる効果がある。ふたの代わりに、アルミホイルやクッキングシートを使ってもよい。

か行

香りを出す
にんにく、しょうが、ねぎなどの香味野菜を油で炒めて香りを引き出し、油に香りを移すこと。

隠し包丁
食材を盛りつけた時、下になる方に切り込みを入れること。火の通りがよくなり、味が染み込みやすくなる。

かぶるくらいの水
材料が水面からぎりぎり出ないくらいの水の量。

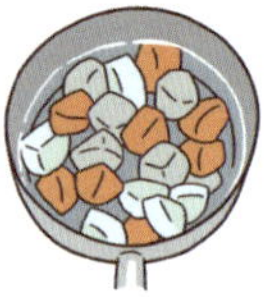

皮目
魚や鶏肉などの皮のついている面のこと。皮が縮んではがれたり、形がくずれるのを防ぐため、皮目から焼くことが多い。

こそげ取る
皮を包丁でむかず、たわしや包丁の背（みね）でこすって取り除くこと。ごぼうやしょうがの皮を取る時に行う。

さ行

ささがき
食材を薄く削り、笹の葉のような形に切ること。

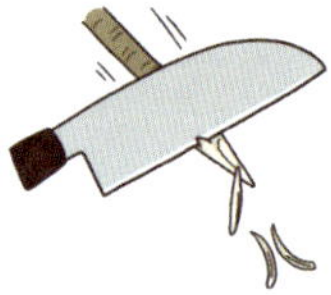

差し水
食材をゆでている途中で、ふきこぼれるのを防ぐために、少し水を加えること。びっくり水ともいう。

塩抜き
塩漬けの数の子など、保存のために塩をたっぷり使った塩蔵品の塩けを、水につけて抜くこと。真水ではなく、1・5％程度の塩水につけて抜くこともある。

塩もみ
材料に少量の塩をふり、軽くもむこと。きゅうりなどの下ごしらえで行うが多い。

塩ゆで
湯1リットルに対して小さじ2～3の塩を加え、ゆでること。

下味をつける
材料にあらかじめ調味料で味をつけておくこと。酒やしょうゆなどの調味料を合わせたものに漬けたり、塩やこしょうをふったりする。

室温に戻す
厚みのある肉や魚を冷たい状態で焼くと、外側だけが焼けて中まで火が通らないことがある。それを防ぐため、冷蔵庫に入れておいたものを調理前に出し、室温と同じくらいの温度にする。「常温に戻す」ともいう。

霜降り
魚や肉をサッと湯通ししたり、熱湯をかけて表面のみ加熱すること。食材のぬめりや臭み、余分な脂肪などを取り除く効果がある。

正《しょう》味《み》
食材の皮やタネ、ワタなどを取り除いた、実際に食べられる部分の分量のこと。「かぼちゃ○g(正味)」とあったら、タネとワタを除いた分量のことをいう。

すが入る
豆腐や茶碗蒸しなどの料理に、細かい泡のような穴があくこと。調理中の火加減が強すぎるのが原因でできる。この状態になると口当たりが悪くなり、風味も落ちてしまう。「すが立つ」ともいう。

筋を切る
肉の赤身と脂身の間にある筋を、包丁の先で切ること。こうすると加熱した時に縮みにくくなる。鶏肉の場合は、肉の間に見える白い筋を切る。

背ワタ
えびの内臓。砂を含んでいたり、いやなにおいのもとになるので、竹串で取り除く。

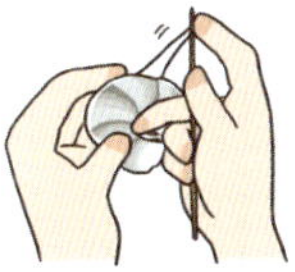

た行

たっぷりの水
材料が完全に隠れ、火にかけて沸騰した時にふきこぼれないくらいの水の量。ほうれん草や小松菜などの青菜、麺類をゆでる時に使う。

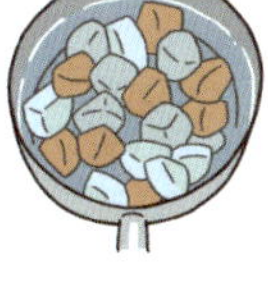

ダマになる
小麦粉などの粉類を液体に溶いた時、よく混ざらずに粒が残った状態になること。

血合い
魚の背身と腹身の間にある、赤黒くて血の多い部分。生臭いので取り除くことが多いが、鉄分が多い。新鮮なものなら、そのまま煮たり焼いたりする。

とろみをつける

汁ものに水溶きかたくり粉などを加えて、とろりとさせること。

な行

ななめ切り

材料をななめに切ること。

鍋肌

鍋やフライパンの内側の側面。レシピに「鍋肌から入れる」とあれば、調味料を材料に直接かけず、鍋のふちから内側の側面に沿わせるようにして加えることを指す。

煮えばな

汁ものが沸騰した瞬間のこと。

煮からめる

煮汁が少なくなるまで煮詰めて、材料にからませること。

煮切る

酒やみりんを煮立てて、アルコール分を取り除くこと。

煮詰める

汁ものを加熱して水分を蒸発させ、汁の量を少なくすること。

煮含める

たっぷりの煮汁で時間をかけて弱火で煮込み、材料に味を含ませること。

ねかす

材料をやわらかくしたり、味をなじませたりするために、調理の途中でしばらくおくこと。

は行

ひたひたの水

材料の表面が見え隠れするくらいの水の量。

ひと口大に切る

一辺を3センチくらいの大きさに切ること。「食べやすい大きさに切る」と表記することもある。

ひと煮立ちする

汁ものを沸騰させ、「ひと呼吸（30秒程度）」おいてから火を止める。味がなじんだり、具が温まったりする。

ま行

回し入れる

調味料などを1ヵ所に入れるのではなく、大きく円を描くように入れること。

水けを切る
材料についた余分な水分を取ったり、豆腐の水分を抜くこと。野菜ならざるにあげ、豆腐なら重しなどをして、水分を取る。

水にさらす
材料を水につけること。野菜のアク抜きをする時によく使う。わかめなど、塩蔵品の塩抜きのためにも行う。

面取り
野菜の切り口の角を薄くそぎ取ること。形が整い、煮くずれを防ぐ効果がある。

戻す
乾物を水やぬるま湯に入れたり、ゆでたりして、元の状態にすること。

や行

湯せん
鍋やボウルに湯を張り、その中に材料を入れた容器を入れ、温めること。お菓子づくりなどで、バターやチョコレートを溶かす時に使う。

ゆでこぼす
材料をゆでて、そのゆで汁を捨てること。食材のアクや臭みを取り除く効果がある。

余熱
加熱調理の後に冷めきらず、調理道具や材料に残っている熱のこと。この熱で材料に火が通ることを見越して、早めに火を止めたりする。

予熱
オーブンやトースターなどの庫内をあらかじめ温めておくこと。

ら行

流水
水道の蛇口から流しっぱなしにした水。水が流れる力で、食材の汚れなどを取り除く。

冷水
5℃程度の水。氷水や冷蔵庫で冷やした水を使う。冬場は水道水をそのまま使ってもよい。

わ行

ワタ
かぼちゃやゴーヤなどのタネの周囲についた、繊維状のもの。魚の内臓を示す時にも使う。

[監修] **オガワヒロコ**（フードスタイリスト）

フードコーディネーター田中稔氏に師事。テレビ、雑誌、広告などのレシピ提供やフードスタイリングを行うかたわら、家庭料理を中心とした少人数制の料理教室を名古屋で開催。

[参考文献]

基本がわかる！ハツ江の料理教室（NHK出版）、料理のきほん（池田書店）、ネットレシピでうまく作れない、を解決！レシピ以前の料理練習帳（講談社）、はじめてでも、とびきりおいしい 料理のきほん練習帳（高橋書店）、新・ベターホームのお料理一年生（ベターホーム協会）、狭くても、料理が楽しい台所のつくり方（日本文芸社）、はじめてでもおいしく作れる きほんの料理事典（西東社）、キッチンのルールとマナー（秀和システム）、キッチン・ルール 台所の法則（朝日出版社）、悩まず作れる！おべんとうの手引き（笠倉出版社）、働きママンのための ママスキル UP術！ 決定版（KADOKAWA）、キャベツのせん切り、できますか？（ナツメ社）、もっとおいしく、料理の腕が上がる！下ごしらえと調理テク（朝日新聞出版）、ビギナーさんいらっしゃい！ゆる自炊 BOOK（オレンジページ）、ケンタロウのないならないで あったらあったで（NHK出版）、まめこの知ってそうで知らなかった！料理のきほん丸わかり（文藝春秋）、つくおき 週末まとめて作り置きレシピ（光文社）、冷凍保存のきほん（主婦の友社）、作りおきでおいしい日替わり弁当（日本文芸社）、勝間式 超ロジカル家事（アチーブメント出版） ほか

監修　オガワヒロコ
イラスト　鳥居志帆
装丁デザイン　宮下ヨシヲ（サイフォン グラフィカ）
本文デザイン　渡辺靖子（リベラル社）
編集　鈴木ひろみ
編集協力　奥田直子（P74～83）・加藤和子（P92～99）
編集人　伊藤光恵（リベラル社）
営業　津村卓（リベラル社）

編集部　堀友香・上島俊秀
営業部　津田滋春・廣田修・青木ちはる・中西真奈美・榎正樹・澤順二

ごはんがおいしくなる **キッチンの法則135**

2018年2月26日　初版

編　集　リベラル社
発行者　隅田 直樹
発行所　株式会社 リベラル社
〒460-0008　名古屋市中区栄3-7-9　新鏡栄ビル8F
TEL 052-261-9101　FAX 052-261-9134　http://liberalsya.com
発　売　株式会社 星雲社
〒112-0005 東京都文京区水道1-3-30
TEL 03-3868-3275
印刷・製本　株式会社 チューエツ

ISBN978-4-434-24394-3

リベラル社の本　BOOKS

トマト、冷蔵庫に
入れてませんか？

監修：竹森美佐子

（A5判／168ページ／1,100円+税）

「トマトは常温保存でリコピンをキープ」など、野菜・肉・魚の栄養を逃さない調理法と保存法を紹介。

捨てられない人のラク片づけ

監修：小川奈々

（A5判／160ページ／1,100円+税）

ものが多い人のための片づけのルールと収納アイデア110が、コミックとイラストで楽しくわかる1冊。

1年で100万円貯められる
ゆる貯め家計

監修：横山光昭

（A5判／160ページ／1,200円+税）

「お金を楽しく使ってしっかり貯めるコツ」をコミックとともに紹介。貯めワザをすぐに実践できる、ゆる家計簿付き！

1日5分の家事で
運がどんどん良くなった！

監修：北野貴子

（A5判／160ページ／1,100円+税）

5分の掃除・料理・洗濯で、開運&幸運体質になれる！ 忙しくてもできる、ラク家事アイデアも満載。

料理のきほん　便利シート

手で計量する

少々　小さじ約1/8は指2本

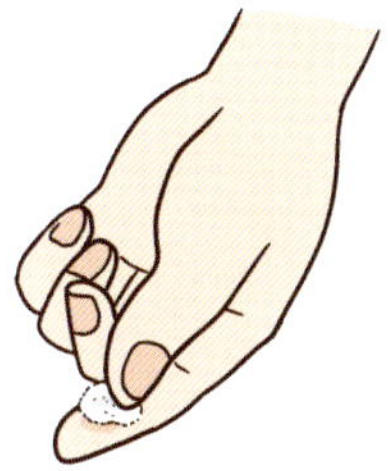

親指と人差し指ではさんだ量

ひとつまみ　小さじ約1/5は指3本

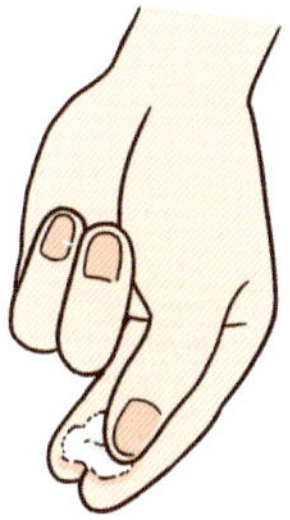

親指、人差し指、中指の3本でつまんだ量

自分の手のサイズを知り、
計量に役立てましょう。

参考

親指の長さ
4～5cm（細切りなどの目安に）

小指の爪
1cm（角切りなどの目安に）

手の幅
10cm

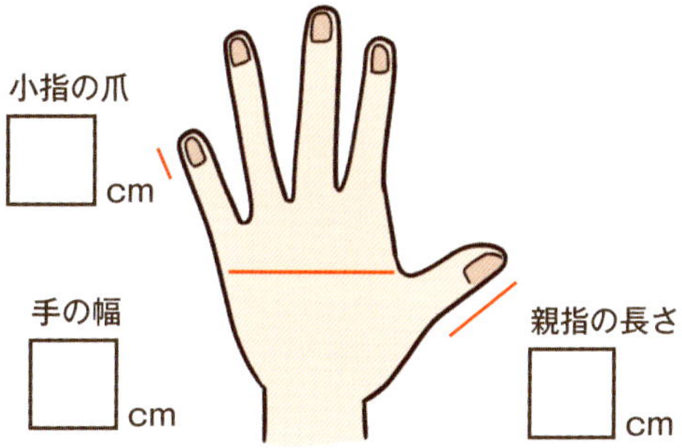

小指の爪
cm
手の幅
cm
親指の長さ
cm

食材の量をチェック

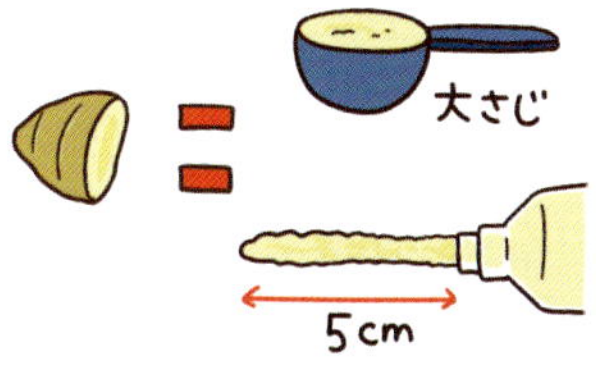

大さじ
5cm

しょうが1かけ（約10g）

親指の第一関節くらいまでの大きさが目安。

すりおろしチューブなら大さじ1弱
長さは5cm程度

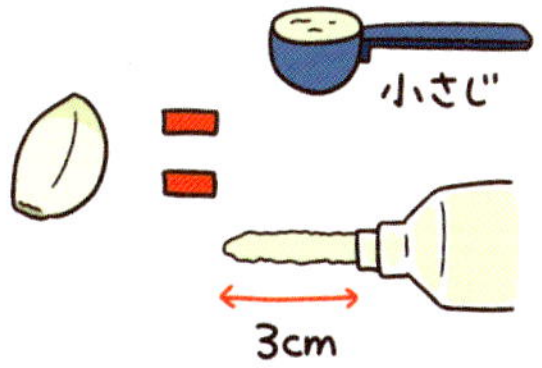

小さじ
3cm

にんにく1かけ（約6g）

小房に分けた時の1つ分のこと。

すりおろしチューブなら小さじ1
長さは3cm程度

調味料の保存法

※例外もあるので、食品のパッケージに書いてある保存方法を確認する

冷蔵庫

- しょうゆ　●酢　●ポン酢
- めんつゆ　●焼肉のたれ　●ソース
- みそ　●マヨネーズ　●ケチャップ
- チューブ入りしょうがやわさび
- パン粉 など

常温

- 砂糖　●塩　●こしょう　●酒
- みりん（みりん風調味料は冷蔵庫）
- サラダ油　●ごま油　●オリーブ油
- 小麦粉　●だしの素
- 顆粒のスープの素 など

レンジで下ごしらえ

※600Wの場合。
機種により加熱具合が異なるので加減を

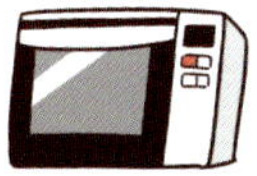

じゃがいも（1個）	皮つきのまま洗い、ぬれたままラップに包む。レンジで3分。
ほうれん草（1束）	洗ったら半分に切り、ぬれた状態で根元と葉が交互になるようにラップで包む。レンジで2分。
豆腐の水切り（1丁）	キッチンペーパー2枚で包み、耐熱皿にのせ、ラップなしで加熱。レンジで2～3分。

お弁当に入れたい3色

赤の食材
トマト、にんじん、鮭、プチトマト、赤パプリカ、梅干し など

緑の食材
ブロッコリー、ほうれん草、オクラ、ピーマン、グリーンピース など

黄の食材
卵、かぼちゃ、さつまいも、黄パプリカ、コーン、チーズ、レモン など

食材の重さの目安

じゃがいも（1個）	150g	ほうれん草（1束）	200g
玉ねぎ（1個）	200g	れんこん（1節）	180g
大根（1本・葉は除く）	800g	えのきだけ（1袋）	100g
にんじん（1本）	150g	豆腐（1丁）	300g

はかりで 重さが あっているか チェック！
150g

キリトリ